随书附赠
关键时刻投资
心法手绘笔记

关键时刻下的 13 堂投资心法与实战课

无惧市场波动的不败投资策略

林明樟 著

当别人却步时，正是你难得的进场时机！

贸易摩擦、国际形势复杂……市场变化难以预期！
畅销书《用生活常识就能看懂财务报表》作者教你判断投资必备的大局思维，
从国际金融、政府、公司、个人视角全面分析，
以谨慎态度做出大胆决策，在动荡市场也能稳稳赚！

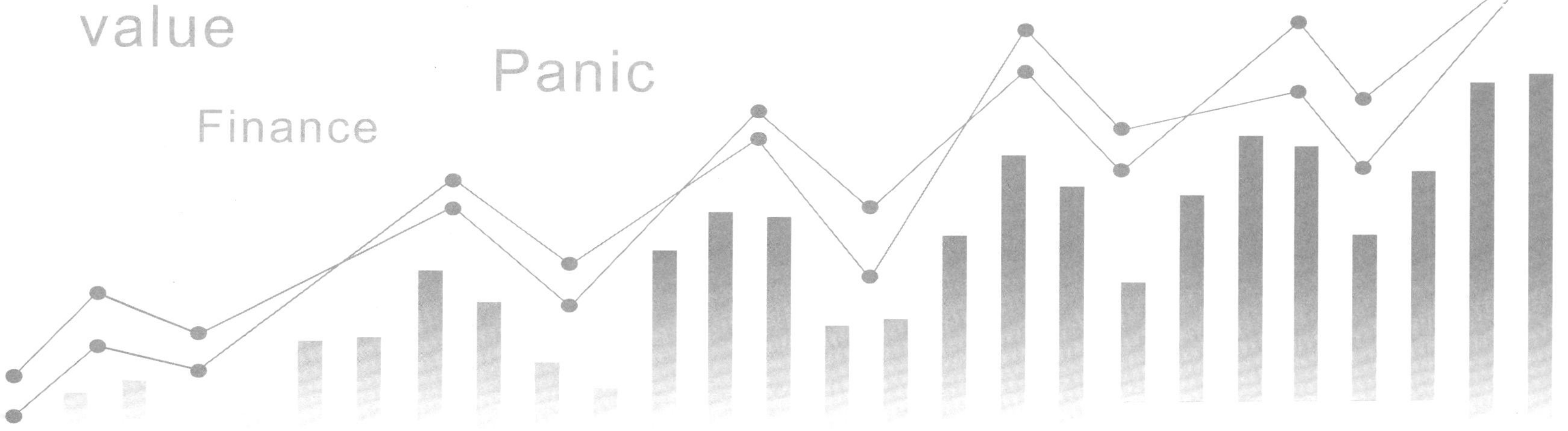

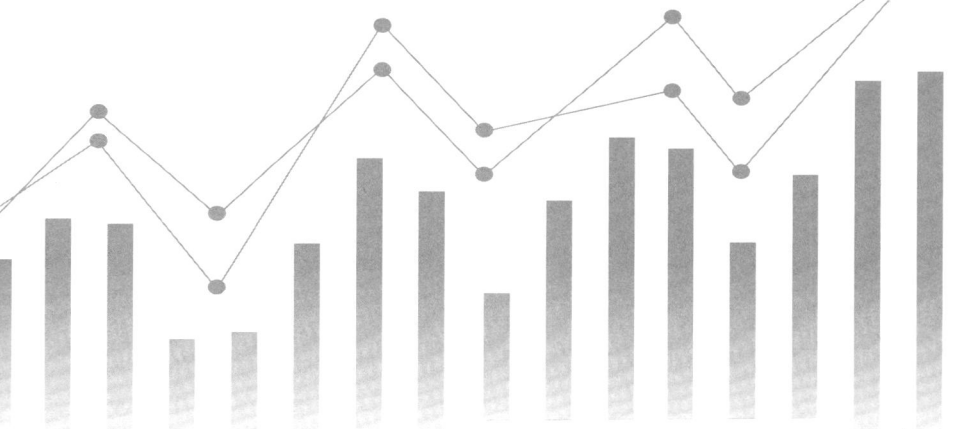

广东经济出版社
·广州·

U0452869

本书简体中文出版权由厦门理想国文化创意有限公司代理，经城邦文化事业股份有限公司授权，同意由广东经济出版社有限公司出版中文简体字平装本版本，仅限于中国大陆发行。该出版权受法律保护，非经书面同意，任何机构和个人不得以任何形式任意复制、转载。

图书在版编目（CIP）数据

关键时刻下的 13 堂投资心法与实战课：无惧市场波动的不败投资策略 / 林明樟著．— 广州：广东经济出版社，2023.2
ISBN 978-7-5454-8376-5

Ⅰ.①关… Ⅱ.①林… Ⅲ.①投资—经济策略 Ⅳ.①F830.59

中国版本图书馆 CIP 数据核字（2022）第 098798 号

版权合同登记号：19-2021-278

责任编辑：陈念庄　李　璐　李雨昕
责任技编：陆俊帆

关键时刻下的 13 堂投资心法与实战课：无惧市场波动的不败投资策略
GUANJIAN SHIKEXIA DE 13 TANG TOUZI XINFA YU SHIZHANKE：WUJU SHICHANG BODONG DE BUBAI TOUZI CELÜE

出 版 人：	李　鹏
出版发行：	广东经济出版社（广州市水荫路 11 号 11～12 楼）
印　　刷：	广东鹏腾宇文化创新有限公司
	（珠海市高新区唐家湾镇科技九路 88 号 10 栋）

开　本：730 毫米 ×1020 毫米　1/16	印　张：11.25
版　次：2023 年 2 月第 1 版	印　次：2023 年 2 月第 1 次
书　号：ISBN 978-7-5454-8376-5	字　数：250 千字
定　价：58.00 元	

发行电话：（020）87393830　　　　　　编辑邮箱：Joycechen17@126.com
广东经济出版社常年法律顾问：胡志海律师　　法务电话：（020）37603025
如发现印装质量问题，请与本社联系，本社负责调换。

版权所有·侵权必究

作者简介 林明樟

喜爱冒险的创业家，在其职业生涯中曾创立过科技、网络公司及美妆平台，并有在数家大型企业担任欧洲区与新兴市场业务主管长达10年的经验。

因多元工作洗礼与海外实务经验，擅长以老板心态分析各项工作所面临的数字迷思，拥有海峡两岸多项教学专利，现为国际级企业的指定财务课程讲师，授课对象包含阿里巴巴、梅赛德斯奔驰、好市多、索尼、日立……足迹遍及海峡两岸及香港、澳门百家企业，是海峡两岸跨国企业争相指名的顶尖财报讲师。

相关著作长期位居商业类书籍畅销榜。著有：
- 畅销财务管理书籍《用生活常识就能看懂财务报表》
- 畅销投资理财书籍《不懂财报，也能轻松选出赚钱绩优股》
- 畅销商业思维书籍《给儿子的18堂商业思维课》

【超级数字力】官方网站
https://financemj.com/

CHECK POINT 看懂大局的投资力

1 关键时刻下的大局观
不慌——透析人性的反应
不惑——了解政府的作为
不赌——了解公司的价值
不急——只做胜算大的事

2 国际金融视角
人为何是不理性的?
急涨、急跌很正常?
物极必反,回归价值?

3 国家视角
了解货币政策
了解财政政策
了解紧急政令
了解行政命令

4 公司视角——损益表
为什么赚钱或亏钱?
赚钱的逻辑是什么?
赚钱的本事在哪里?

5 公司视角——资产负债表
如何判断资产负债表的健康与否?
经营能力如何判断?
容易破产的公司有什么特征?

6 公司视角——现金流量表
公司的气长不长?
能不能带来稳定现金流?
现金流的三个判断方式是什么?

7 公司视角——万物皆有价

万物皆有价的公式是什么？
如何运用在日常生活中？
如何运用在投资理财中？

12 个人视角——行动方案

如何设计个人化方案？
如何做投资前的10项检核？
如何抓住高概率事件创造财富？

8 公司视角——五大财务比率分析

如何全面评估一家公司？
五大财务比率的重点是什么？
如何快速判断公司的好坏？

11 个人视角——资产配置技巧

如何做胜算大的事？
投资有哪些"不"做？
如何"先求A，再求B"？

9 个人视角——投资组合设计

"追求财富绕过坑"，会有哪些坑？
投资组合的核心思维是什么？
投资组合的技巧有哪些？

10 个人视角——财务健检

有多少钱可以投？
投资后能否对抗意外事件？
打造比气长有哪些方法？

推荐序　宏观解析，系统性思考的投资逻辑

MJ老师这本《关键时刻下的13堂投资心法与实战课》，有几个重点是我非常喜欢和认同的。

在最前面，他放了"不慌""不惑"两个章节（两个大分类），从金融的行为心理学去解释人的慌张。

一般的投资人，如何才能不被短线的波动迷惑呢？又如何去判断一些政府行为，如纾困、货币，甚至一些紧急命令的影响呢？如同我也相当认同的，股价永远是不理性的！我一直在强调一件事情：股票市场永远存在两种现象，一种是涨过头，另一种是跌过头，我们常常是过于乐观或过于悲观。

但什么叫作过于乐观或过于悲观呢？巴菲特说过："我们要在恐惧时贪婪，贪婪时恐惧。"而这个东西它的标准是什么呢？这就是我们投资哲学的依据。对于投资，每个人都有自己的招式，如同武侠中的江湖有各门各派，不同门派的标准就在这里。先把标准找出来，我们才知道，市场的不理性是对还是错；也唯有先把自己的设定标准找出来，每个人才有自己的行为标准，才能去判断交易决策是正确还是错误的，而不是单纯地只凭亏损或赚钱去认定一笔交易是对或不对。

在第二章，MJ老师提到的货币政策、财政政策实在太重要了！尤其自2008年雷曼兄弟公司倒闭以后，很多国家开始实行大规模的QE（货币宽松政策），而且维持了很长时间。从那时候开始，股市的涨幅已经跟经济有一点脱钩了！

我相信大家都能感受得到由此造成的影响——经济没那么好，股市却一直涨。在传统价值投资人的眼中，这十年来的操作常常遇到一些困难点，这就是没有把货币政策跟财政政策考虑进去的结果。

传统经济学所讲的财政政策，是用调控通货膨胀、经济成长来判断，但从货币政策方面来看，如果热钱过

多，那么这些都不是问题，钱一多资产价格就会涨。

何谓资产？股票、债票、房子、土地、名画珠宝，任何可以用钱来衡量的资产，价格都会因为货币政策的宽松而上涨。股票市场当然也是这样，关键就要看现在民众、机构和国家比较认同哪一个商品。

因此，对政府行为的了解可以让我们不迷惑于短线的波动，行为心理学让我们心里有底。股价短线的波动永远是不可信的，所以当看到下跌的时候能不能买，就可以依据这两件事情来判断；而上涨时是否再逢高停利、获利了结，则跟策略有关。

MJ老师在书中也有提到，在看三大财务报表之余，还要重视生活常识跟行业知识，我认为这一点写得非常棒。各种行业的变化都在我们生活周遭不断地发生，我们要学会观察。

其实我觉得一般分析师在生活跟商业的感受力上并没有特别厉害。反而是我们这些散户，进出超市时就可以看到一些新的商务商业行为。我始终认为，我们的优势是大的，而且是不被局限的！

接下来的章节谈到"不急"。MJ老师提到，一定要留25%的现金在手上，这跟我的观念相符。大家知道，我看重的是看对、下大、抱住的暴赚策略，但我常常会处于一个没有办法All in（全部押进）的状态。也就是说，我会留些保留资金在手上——无论行情再好，即便是现在股市正在这么好的位置，我还有两成的资金在手上。

这是为了应对股价突然的大跌，虽然我没有现金买进会有点可惜。有人可能会觉得，如果买得不够多，上涨怎么办？我一点都不在意，因为那只是少赚，少赚也是赚！

总体来说，我觉得MJ老师这本书真的相当不错，最后还谈到台股、美股、A股三者的优缺点，也有对基本财务的概念、金融行为跟相关政策的解析，我觉得算是一本非常宏观的讨论投资的书。

这是一本我很喜欢的好书，大家可以多读像这种有系统的书，然后再去投资，于你而言一定会有非常大的帮助！

JG老师
"JG说真的"创办人

致 谢

这是我最后一本关于财务的书籍。

本书集结了我11年来职业讲师的财务思维和去芜存菁的投资逻辑。我想把这本书献给一路上支持我的家人：Singing、Willie、Sonia，谢谢你们对我长时间工作与多次创业无法随时陪伴大家的体谅。

谢谢"超级数字力"品牌课程的强大后勤人员，台湾团队的小甜、James、育正、柏翰、约瑟芬；上海团队的光龙、洪福、小彩、同意、晓燕；北京团队的老商、予商、彭悦与文静。这11年来，我们一起服务了200多家上市上柜公司中高阶主管及2万多名学员，有你们真好。

这本书也要献给一直支持我们、来自19个不同国家或地区的2万多名学员与10万多名读者。因为大家的支持，我们才有机会连续5年获得"博客来商业类百大畅销书作者"的殊荣。这份殊荣是属于读者的，只是挂在我的名字上，感恩。

本书是我们"超级数字力"品牌课程中，有关投资组合的核心内容，与您分享。

在我们教书过程中，遇到过2008年金融海啸、2012年欧债危机、2015年中国股市震荡、2019年中美贸易摩擦、2020年全球暴发新冠肺炎疫情等多个重大事件。透过书中的实用做法与思维，这10多年间，我们帮助很多企业家与个人避开了致命的财务危机，或是完成了财富自由的梦想。

书中的内容是我教学、投资及创业合计30年的综合体悟和经过市场洗礼后的财务思维精华，对我们服务过的200多家海峡两岸及香港、澳门特别行政区及东南亚各国的上市上柜公司高阶主管、财务长及董事长们有用；或许，对读者的个人与家庭理财也有些用途。

"取之于社会，用之于社会"，是人生路上提携我的贵人们一再叮咛我的观点。作为我个人最后一本财务思维书籍，本书毫无保留地分享了我已知且可能有用的实务做法与逻辑思维，若是能帮读者在财富自由路上少踩几个坑，这本书就完成了它的使命，也就有了存在的价值。

　　最后，要特别感出版社等团队，在我内心不再想出书的时刻，持续一年地鼓励我将所知所学写出来帮助更多人，此书于是生焉。谢谢你们。

　　祝愿我们都能拥有财富自由的精彩人生！

林明樟（MJ老师）

序 养成看懂大局的投资力，是无惧市场波动的不败策略

金融海啸、经济动荡、贸易争执、疫情持续，这几年市场充满"黑天鹅"，充斥无数不明朗因素。一旦面对特殊事件发生的关键时刻，你该如何应对？

答案是你要有大局思维，要从国际金融、国家、公司、个人四个角度来看事情，这样你在投资时就可以不慌、不惑、不赌、不急；如果你想过、算过、评估过才去做投资，就不会被市场波动影响。

在这本《关键时刻下的13堂投资心法与实战课》里，我会从大、中、小不同面向，一层一层教你分析，只要你搞清楚这一次投资机会到底是可投、不可投、不知道可不可投，你就能去做胜算大的事。

有关金融行为，不管是传统派还是行为派，学术结论只有三个。第一，人是不理性的，嗨的时候嗨过头，怕的时候怕过头。2020年3月美国疫情加剧，美股急跌，台股也跟着急跌，全世界都怕过头——这就是非常好的投资机会。

摩根士丹利做过大数据分析，98%的人在这种危机时刻入场投资，三年之内都可以赚到钱。所以这本书会教你解析人性，让你可以做到遇大事不慌，最后物极必反，市场终究会回归价值，你的投资得以获利。

第二，在国家层面上，你可以做到不惑。政府的作为包括货币政策、财政政策、纾困政策跟紧急命令，你一旦了解政府为什么要这么做，以及这些政策会带来什么影响，你就能知道要看哪些关键数字，就能预测接下来会发生什么事。

第三，我们落地到个别公司，你可以做到不赌。万物皆有价，公司也有一个价格。公司的价格该怎么决定，就要看它的财务报表，从损益表[①]、资产负债表、现金流量表，来搞懂它到底有没有赚钱，算出公司的价值是多少，再加上生活常识与行业专业知识这"两只

注①：本书所指的"损益表"，中国大陆一般称为"利润表"。

脚",作为你判断投资的根据。一旦你了解万物皆有价,也懂得如何评估价值,你就可以做到价值投资,而不是"赌明牌"。

在受疫情影响期间,公司股价只有四种可能:第一,直线上升;第二,持平;第三,直线下降;第四,受到影响又"V"形反转。找到好的投资对象,然后股价出现如"V"形反转、直线上升或稳步上升,就是你获利的真本事。

个人层面上,你可以做到不急。MJ希望你做胜算大的事,千万不能爆掉,所以你要有抗压能力。我们会教你怎么盘点资源、风险控管、投资组合,以及实战时会遇到的问题与解答。不管是A股、美股,还是台股,你都可以用同样的逻辑去思考,不再看到市场有风吹草动就急着进出。

在这本书里,MJ不是教你如何炒股,而是要教你:什么是价值投资、关键时刻应该做哪些动作、怎么做资产配置、股票能持续抱一辈子吗、能不能放空等实务上的问题。无惧市场波动的不败策略,来自你坚持做胜算大的事,在"可投"与"不知道可不可投"两种投资机会之中做出适合自己状况的配置比率。

希望你读完这本书之后,可以养成看懂大局的投资力,知道金融与国家动向的背后原理,看清公司的经营状况与价值,能根据自己的财务状况设计合适的投资方案,并加上你和朋友讨论得到的生活常识跟行业知识"两只脚",做出你最后的投资判断,巩固你的价值投资的逻辑,以谨慎的态度在动荡的市场将本求利!

目录

第1课 从金融理论了解人性 1
从金融学角度，看重大事件的危机与转机

第2课 从政策工具了解政府行为 17
从政府角度，看政策推动背后的道理

第3课 从损益表了解公司赚或亏 29
用损益表，看公司赚钱的逻辑与方法

第4课 从资产负债表了解公司经营能力 41
用资产负债表，看公司的财务结构与总资产周转率

第5课 从现金流量表了解公司存活能力 55
用现金流量表，看公司有三长、如何比气长

第6课 从三大报表了解公司的真实价值 65
万物皆有价，现金流、利率、价值的交互关系

第7课 从五大财务比率了解公司整体状态 75
用财务报表3D概念，快速检验投资判断

第8课 个人投资组合设计原则 87
追求财富绕过坑

第9课 个人财务健检 95
稳健守财，降低财务风险

第10课 个人资产配置技巧① 111
不出局、不杠杆、不相关、不博弈、能抗压

第11课 个人资产配置技巧② 121
先求A，再求B

第12课 财富自由行动方案 133
依照您的个性、风险偏好、年龄状况

第13课 实战心法剖析Q&A 143

投资必备的大局思维

层级	要点	目标
金融 传统/行为	❶ 人是**不理性**的 ❷ 嗨**过头**/怕**过头** ❸ 物极必反，**回归价值**	**不慌** 透析人性
政府 C+I+G+(X-M)	❶ **货币**政策/**财政**政策 ❷ **纾困**方案/**紧急命令**	**不惑** 政府作为
公司 万物皆有价	❶ 三大财务报表 ❷ "两只脚"（**生活**/**行业**） ❸ 一切源自**OCF**（营业活动CF）	**不赌** 价值投资
个人 胜算/防爆	❶ **资产**盘点与**风险**管控 ❷ **投资组合**与**个人操作** ❸ 线上学习平台"**打群架**"	**不急** 胜算大的事

- 可投
- 不可投
- 不知可不可投

稳健 / 积极 / 保守　　❶ 台股　❷ 美股　❸ A股　『打群架』

范例 财报解说

这**不是**一堂**炒股**课哦！

第1课　从金融理论了解人性

从金融学角度，看重大事件的危机与转机

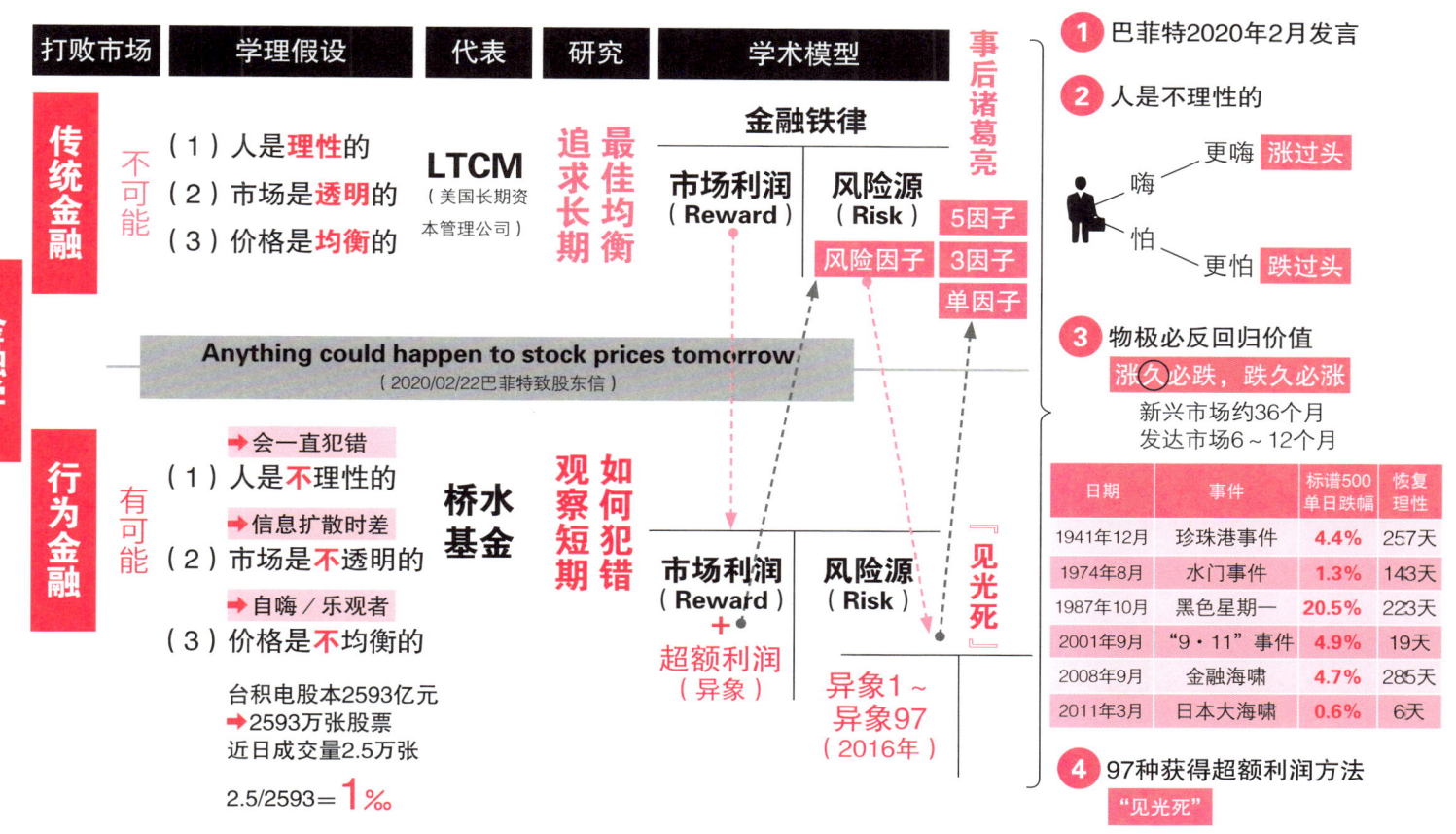

欢迎来到13堂投资心法与实战课的第1课。第1堂课很简单，我们希望教会你"大局"的思维。大局的思维就是从"金融"的角度来看世界。首先，希望你能做到"不慌"，可以真正了解、透析人性。

先有思维 再来投资

首先，从政府的角度，了解政府为了救经济，会做哪些事。这会在下一堂课教大家，了解政府思维、作为后，就可以做到"不惑"。

其次，站在公司立场，了解万物皆有价，每家公司都有一个价格，那到底怎么算？核心就源自能不能带来现金流（cash flow）。万物皆有价，如果不带来现金流，就是无价，也代表它可能是无价之宝，或者是完全无价、零元，这些懂了之后，就可以做到"不赌"，也就是课堂所说的"价值投资"。

最后，个人的部分，我们教你做胜算大的事，因为我们不是赌博，所以不要去赌，不要自己先爆掉，所以会教你做合理的"资产配置"。

这样就可以做到"不急"，做胜算大的事，大家一起"打群架"。

从过去看现在 金融市场的全局观

第一课我们要教大家"金融市场"。金融学派有两个学派，第一个是传统金融学派，第二个是行为金融学派。它告诉我们三件事，第一，人是不理性的。比如说，工作不开心就跟老板讲不干了，明明薪水有四五百万元，说不干就不干，非常不理性。

再者，嗨的时候会嗨过头，怕的时候会怕过头，要知道急涨急跌是很正常的。还有一个很重要部分叫"物极必反，回归价值"，价值怎么算？就是来自现金流。接下来的几堂课会告诉大家。

传统金融学派：人是理性的 市场透明 价格均衡

先来说传统金融学派，传统金融学派很简单，它认为打败市场是不可能的，但是行为金融学派认为有可能。为什么会有这么大的差异呢？因为它们的学理假说是不一样的。

传统金融学派认为，人是理性的、市场是透明的、价格是均衡的。思考看看，真的是这样吗？以前读经济学，也是这么说——人是理性的。假设，你的女朋友/老婆以及妈妈，两个同时掉到海里，要先救谁？不管你救谁，都是不理性的；理性的人应该赶紧拨打119，叫专业人士来救。

因此，真实的社会、人生不可能总是理性的，市场不可能一直是透明的，价格也不可能均衡，因此才会产生"行为金融学派"。因为人是不理性的，所以会一直犯错，而犯错就有空间创造超额利润。

行为金融学派：价格不均衡由自 High（嗨）者决定

市场是不透明的——为什么会不透明？因为信息是慢慢传递的。我的一个朋友提到，2019年12月有人在台湾北部买了上万个特别的空气滤净器，如果跟2020年新冠肺炎疫情联系起来，这个行为可能是前期的指向标。

后来中国大陆疫情形势严峻，大家都在线上，那时听到3C通路朋友说，2020年3月前台湾都买不到印表机，因为所有的印表机库存都被大陆厂商买下来了。

这就是所谓的市场递延效应。一件事情发生后，市场一定是慢慢递延到较远的外部，甚至递延到海外市场，所以市场是不透明的。

行为金融学派认为，价格是不均衡的——价格由谁决定？自嗨者决定，由乐观的人决定。为什么？例如，台积电现在的股本是2593亿新台币，每股面额是10元新台币，换句话说，台积电总共有2593万张的股票（一张股票是1000股）。前阵子的成交量，平均约在25000张，所以大概是千分之一的股东/交易者，决定了台积电今天的市值。

所以股价确实符合行为金融学派所讲的，价格不是均衡的，而是由自嗨者决定的。

传统金融学派的代表者是LTCM（Long-Term Capital Management，美国长期资本管理公司）基金；行为金融学派的代表则是桥水基金，目前是全世界最强的四大基金之一。

当年，LTCM是全宇宙最强的团队，创办人包括"套

图1-1 传统金融学派LTCM的案例思考

利之父"约翰·麦利威瑟（John Meriwether）、两位诺贝尔奖得主、美国财政部原副部长、美联储前副主席、所罗门债券的主管，非常厉害。

他们不只人厉害，技术也厉害，用了金融数据、电脑运算、数学模型、套利模式，就是今天所谓的"黑科技"、大数据、Data Mining（数据挖掘）等。当时国际最大的四大对冲基金是LTCM、老虎基金、量子基金、欧米伽基金。

LTCM在1994年一次募集了12.5亿美元，是当时的世界纪录。绩效好不好？1995年28.5%，很棒；1996年42.8%，很棒；1997年40.8%，很棒（图1-1）。

但1998年发生了什么事？LTCM宣告破产，90%的公司市值消失了，因为俄罗斯发生债券危机，发生了金融理论上不会出现的意外事件，加上杠杆过度，公司破产了。这里就是告诉大家，市场是不理性的，因为整个市场是由人来决定的，而人都是不理性的。

"异象"带来超额利润

整个传统金融学派在研究，在长期的过程中什么是最佳均衡解，也就是完美的解。不过，世界上没有完美的解，都是trade-off（取舍）或compromise（妥协）。而行为金融学派比较务实，它研究的主轴是短期，看看人会犯哪些错。

传统学派金融学家建立的学术模型很简单，它的右边叫作风险源，左边叫作市场利润；右边的风险源与左边的市场利润一定是相等的（图1-2），你有利润一定是承担了相对应的风险，所以金融铁律才会创造出所谓的高风险、高报酬；高报酬一定是高风险。

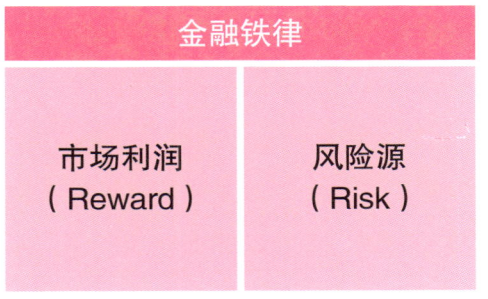

传统学派最初推出的学术模型，认为左边与右边相等，后来又将"风险"因子加入，发现会创造超额利润。

图1-2　传统金融学派的学术模型

后来行为金融学派做了一些分析，发现不对，就算左边跟右边相等，居然还是会有些特殊状况，可以创造超额利润。比如说，规模小的公司好像比较容易额外创造利润，或者价格低的将来很容易上升，或者传统产业也可能容易上升……金融学派在2016年发现了97个不同的情况，会创造超额利润，叫作"异象"。

这个"异象"学说讲完之后，就被传统学派拿回去，说模型弄错了，那个不是异象，而是他们少放了风险。因此开始有像是市场、大盘的单因子概念，然后二因子、三因子、四因子、五因子……也因为这个概念，三因子和五因子的模型被尤金·法马（Eugene F. Fama）创造了，他在2013年获得诺贝尔经济学奖，2013年与法马一同荣获诺贝尔奖的人，还有行为金融学派的罗伯特·席勒（Robert J.Shiller）。这是诺贝尔奖第一次让传统与行为金融学派一起获奖，虽然说法不一样，但是对人类有贡献，所以一起得奖。

两学派均共同创造价值 但也有盲点

在所有诺贝尔经济学奖得主之中，从2002年《思考，快与慢》作者丹尼尔·卡尼曼（Daniel Kahneman）获得经济学奖，隔了11年，2013年由法马、汉森和席勒获得，2017年由理查德·塞勒（Richard Thaler）获得，这三届是行为学派金融学家最光荣的时期。

其实理论是很棒的东西，不管是传统金融学派或行为金融学派，各学派来来去去，但在谈理论的过程中要引用他人的论述，而引用的过程会积累其他人的研究，就能一直往前走。

传统金融学派有个问题，即它的研究都是事后诸葛亮，没有办法预见。至于行为金融学派的问题叫作"见光死"，研究了很多异象、超额利润的可能性，但是因为大家的市场信息都一样，所以这个可能性一旦发表，被人知道了，就会消失。

所以总的来讲，一些特殊的小道消息、内线消息、技术线型等，到最后都没有用处。不管是哪个学派，都可以教会我们从疫情与美股看到危机与转机。

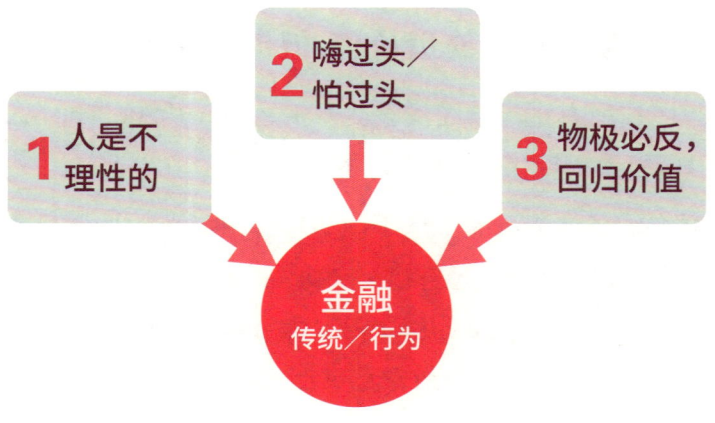

图1-3　金融市场告诉我们的三件事

人不理性　不需预测金融市场

有哪些启示？第一，巴菲特在2020年2月22日，提早公布他给股东的一封信。他说："任何事都可能影响明天的股价。（Anything could happen to stock prices tomorrow.）"所以不要去预测。

不管是传统金融学派还是行为金融学派，你预测这些都没有意义。最主要的原因是市场由人创造，人有许多不可控的因素，尤其是非理性的情感、冲动、恐惧等，所以不要去预测美股、台股会发生什么事。

第二，人是不理性的。嗨的时候会更嗨，股票就会涨过头；悲观、害怕的时候，如现在疫情持续，股票就会跌过头。所以会有极端好和极端差。

物极必反　回归价值

第三是要记住的重点，即所谓的"物极必反，回归价值"。因为涨涨跌跌，涨久必跌，跌久必涨。这个"久"，代表多久？新兴市场大约36个月，发达市场6~12个月，通常可以恢复理性。

更明确的数字，如果是发展中国家或地区，像是中国大陆或者台湾地区等，是18～36个月；如果是发达国家，比如说美国、日本，是6～12个月。

调一些数据给大家看（图1-4）。在1941年发生珍珠港事件，257天恢复正常；1974年美国水门事件，当天下跌1.3%，143天恢复理性。1987年10月19日黑色星期一，下跌得比较多，当天20.5%，223天恢复正常。"9·11"事件当天跌了4.9%，19天就恢复正常。金融海啸是2008年9月15日，当天跌幅4.7%，约285天恢复正常。所以，可以看到发达国家大约12个月能恢复。

这里告诉我们，如果疫情再严重，或者美股、A股、台股再不理性，6个月之后就可能是比较好的买点。接着，这期间要去看财报，加上生活常识和专业知识"两只脚"，透过这三个面向去观察一家公司，对你的财富可能有帮助。

然后，不要再迷信任何获得超额利润的方法。不管是规模、程式、演算法、人工智能……都没有太大用处。

因为行为金融学派已经告诉我们，目前这么多博士、教授研究了97种获得超额利润的方法（异象），只

日期	事件	标普500单日跌幅	恢复理性
1941年12月	珍珠港事件	4.4%	257天
1974年8月	水门事件	1.3%	143天
1987年10月	黑色星期一	20.5%	223天
2001年9月	"9·11"事件	4.9%	19天
2008年9月	金融海啸	4.7%	285天
2011年3月	日本大海啸	0.6%	6天

历史上发生重大事情时，有可能是财富重新分配的时机。

图1-4　历史重大事件对金融市场冲击影响

要一公布就失效了。换句话说，这些方法"见光死"，所以，请你专注本业，专心做非你不可的事情，随着时间的延伸，180天的时间如果发生重大事情，有可能是财富重新分配的时机。

所以，透过金融学家的角度，能够让你看清整个金融市场的局面，不会发生错乱，或者跟着大家抛股抛过头。

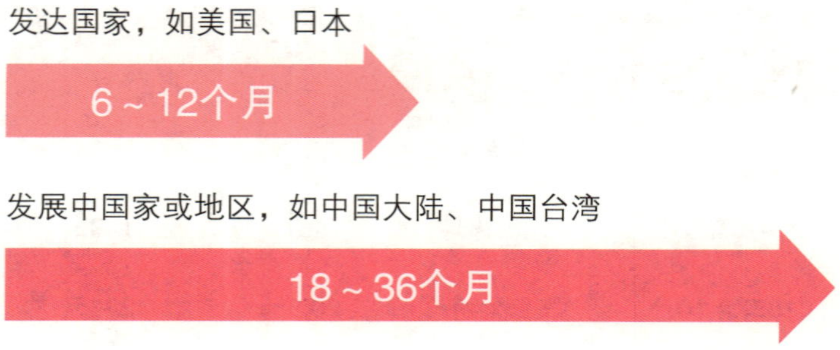

发达国家，如美国、日本

6~12个月 →

发展中国家或地区，如中国大陆、中国台湾

18~36个月 →

图1-5　涨久必跌、跌久必涨之"久"定义

历史事件教导我们的事

我们希望第1堂课可以教你做到"不慌"地去透视人性。我们把世界的金融史拿出来检视，一些意外事件如欧洲的黑死病，那时欧洲还没有人口普查，估计总人口6000万～7000万，黑死病造成超过1/3人口死亡，等于每三个欧洲人就死掉一个。

严不严重？非常严重，每一个人都觉得世界末日来临了。后来有发生吗？没有。欧洲还是成为一个欧洲的联盟。所以，要让大家知道，情况没有那么糟，因为糟的时候，大家会看得更糟。

第二个案例就是第二次世界大战。在二战中不幸罹难的人口约为6千万，罹难人口多吗？非常多。当时民不聊生，但你看我们的祖父辈，有没有全部都发生意外？没有，大多数活到一定的岁数才离开。

在1990年，台股最高12682点，后来急跌到2千多点。这段时间，台湾人有崩溃吗？没有。所以换句话说，大事发生的时候，你要了解人类行为，然后一定要"不慌"，这非常重要。

回归股市 你发现了什么？

1990年台股震荡之后，台湾又进阶了。比如说原来的散户变成了机构投资人。后来，投机变成投资，所以我们现在才有机会。以前都在炒金融股，金融股最高的时候，三商银一股就是1000多元，很惊人，但现在都投资电子股了。

当时疯狂到什么程度？一天的营业额有2100亿新台币。想一下，那是20世纪90年代，2100亿新台币等同当时纽约证券交易所跟东京证券交易所两个的营业额相加，所以大家都陷入疯狂。当时大家看到1万点，幻想2万点，后来变2000多点。所以不管怎样的情势，都不要慌。

让大家看一些数据分析，图1-6是道琼斯指数，看一下大事发生的时候。

这也是在告诉大家，美股的熔断在2020年3月10日。熔断之后，大家就开始恐慌。请你先记住一件事，不要做任何动作，告诉自己6个月后再行动。

我们看台股也是这种情况，图1-7台湾股市，你可以看时间轴。

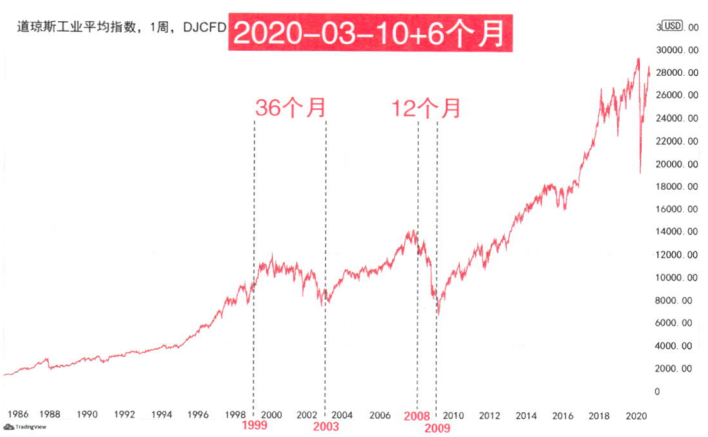

图1-6　美国道琼斯指数从震荡到冷静期

图1-7　台股加权指数从震荡到冷静期

1999年是域名注册风暴，到2003年花了3～4年，金融海啸则是2008年到2009年。域名注册风暴花了36个月，金融海啸大概是花了12个月，才让市场回归正常。

与.com域名注册风暴时一样，2008年台股开始下跌，最低谷是2009年，持续多久时间？12个月，所以这6个月时间请你不要做任何动作。我们再看一下2015年这段时间，中国大陆股市震荡，持续到2016年，大概也是12个月。

这些我们有概念就可以，不用去预测。

金融市场连行家也无法预测

巴菲特的老师叫本杰明·格雷厄姆（Benjamin Graham），他曾经说过，市场叫作"Mr.Market"，它是有个性的，你猜不出它会发生什么事情。所以不要去猜测，我们只要知道金融学的研究结果就好了。

复习一下：

第一，人是不理性的。

第二，嗨的时候嗨过头，怕的时候怕过头。所以，只要下跌超过30%就是一个很好的时机点。但是你不要急，先把"不慌"这件事情的大局观建立起来。

第三，涨久必跌、跌久必涨，最后都会回归价值。什么叫"久"？涨多久跌多久？发展中国家是18～36个月。发达国家如美国，是6～12个月，所以重大意外事件刚发生的6个月内，请你不要做太多恐慌性的动作。

股市是值得投资的

有个问题要问大家：

图1-8是美国道琼斯指数走势，从前面1986年开始看，有没有发现虽然中间有起伏，但长远来看都是涨的？图1-9台股加权指数走势也是如此。不管是什么股市，为何最后都是涨的？

原因是，上市上柜公司的老板，以人性来说，都是希望公司能做大、做强、做到极致、全球化，所以，公

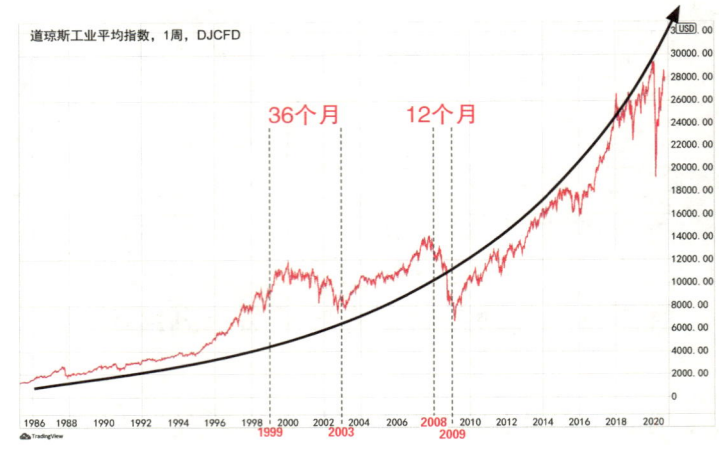

图1-8　美国道琼斯指数走势（1986~2020年）

图1-9　台股加权指数走势

司自然就会慢慢变大。公司变大，如果该公司又是里面的成分股，指数也跟着变大。所以记住，**投资股市是因为善用人性：公司的老板希望越做越大，股市指数就会越来越高。**

平常心看待涨跌起伏

有人对于局势会很忧虑，我们在图1-10调了一些资料给大家看：

大家可以看到，巴菲特投资的五大持股富国银行、可口可乐、美国运通、IBM、沃尔玛在股灾的时候也重挫了50%。可以看看当时他投了多少，分别是265亿美元、169亿美元、141亿美元、124亿美元、58亿美元，加起来总共投了757亿美元。

后来发生了什么？高点和低点之间居然差这么多。跌这么多的原因确实是有大事发生，看一下图1-10，有投资科技类，所以网络泡沫的影响就很大；另外，还有金融海啸对金融业的冲击。

换句话说，股价跌到剩2折、剩3折、剩4折、剩5折是常有的事。所以第一件事情，你要习惯这种状况，然后变成自己的大局观，做到不慌。

"刚需"标的多关注科技变动要当心

但是，如果我们把目光再拉远，现在已经出现过美股熔断，它是1989年开始设计的保护机制，到1997年才发生。

距离这个时间点，二十几年才熔断4次，3次都发生在最近。所以，从最近股价来看，富国银行2014年3月

为什么巴菲特既不卖也不怕？ **为什么最后股价又回来？** **为什么有些高，有些低？**

巴菲特的前五大持股，遇股灾时也会重挫50%

股票名称	高点、低点（美元）	最大跌幅	区间	意外事件	近日股价（美元／股）	巴菲特持有的市值（亿美元／2014年）
富国银行（WFC）	36、8	78%	2006年11月~2009年3月	金融海啸	29	265
可口可乐（Ko）	42、20	52%	1998年4月~2003年1月	金融海啸	47	169
美国运通（AXP）	51、28	45%	2000年5月~2001年8月	网络泡沫	86	141
	64、12	81%	2007年3月~2008年12月	金融海啸		
IBM	120、58	51%	2001年9月~2002年6月	网络泡沫	106	124
	215、135	37%	2013年3月至今	没有大事		
沃尔玛（WMT）	16、10	37%	1992年11月~1995年11月	没有大事	119	58
	84、57	32%	2014年10月~2015年8月	中国股市震荡		

757亿美元

图1-10 巴菲特前五大持股分析

18日是29美元/股，其原来的股价是8美元/股，长远来看是上涨的。可口可乐最高是40多美元每股，所以还是小步持平。美国运通从长远来看，也是上涨的。

再看IBM是整个下跌，这是因为没有长期稳定获利能力。为什么？因为科技业变化很快，所以也不建议你投资科技股，或部位不要太多。

有没有发现沃尔玛非常神奇，近期股价119美元/股，注意喔！已经连续3次，大盘都跌30%，它还是一路狂奔，为什么？我们有教大家看财报，损益表、资产负债表、现金流量表占了公司营运的60分；还有"两只脚"，也就是生活常识跟行业专业知识，各占20分。

因为它是"刚需"，民以食为天，而且做生意完整，周期又很短，有长期稳定获利能力。所以，不管电商怎么变化，还是一枝独秀。

再给大家看一下沃顿商学院杰瑞米·J.西格尔（Jeremy J.Siegel）教授的分析（图1-11），我们可以发现从长远来看：投资美元和黄金都是失败的。

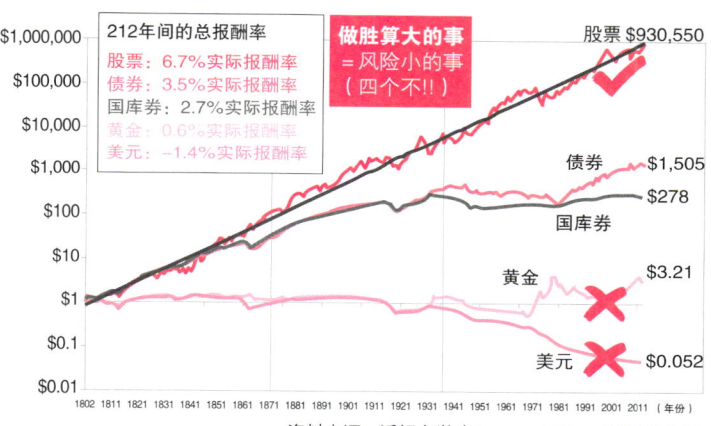

图1-11 美国1802～2011年投资实际收益分析

投资"四不"务必牢记

顺便告诉大家投资有"四不"，一定要记下来。

第一，不要投外汇。听说很多同学投南非币，从几千元到上百万元不等，从现在起请你不要再碰南非币外汇（前一波是澳币）。

第二，不要碰黄金、金银铜铁等原物料。

第三，不要碰期货、期权。

第四，不要玩技术线型。

因为现在下跌，你的财务杠杆会加速亏损，所以**最好的方式是什么？投资股市。**如果当时投1万元，212年后万万相乘变亿元，因为1元变成93万元，投资1万元就变成93亿元。

所以，现在就是一个投资的好时机，但是，一定要看财报，要加生活常识跟行业专业知识"两只脚"，然后大家一起"打群架"，完成这一堂课的目标——"不慌"。

投资组合一定要配置一部分好公司的股票

真的是这样吗？是的。有另外一组人，芝加哥大学罗杰·G.伊伯森（Roger G. Ibbotson）按照1976年的期刊，找出从1926年到2016年90年间的数据，得到了类似结果（图1-12）。

你有没有发现？通货膨胀一样是持续升高，不管买大型企业还是中小型企业股票，都是最好的投资。所以这里要告诉大家，不管你喜不喜欢股票市场，无论如何，**投资组合一定要配置一部分好公司的股票。**

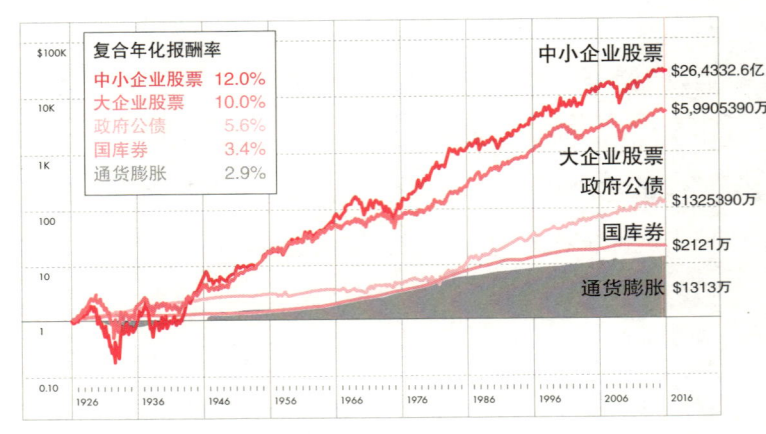

图1-12 芝加哥大学罗杰·G.伊伯森教授根据1976年期刊评估趋势

鸡蛋不要放在同一个篮子里："负相关"选择尤为必要

有一个非常重要的关键，就是"负相关"选择。什么意思？就是如果投科技股，就不要投了IBM又投英特尔、微软、苹果公司，这些都是同一挂的，应该要投"负相关"。

意思是说，科技业很强的时候，要投一些金融股或者食品业，因为不太可能百业萧条，百业萧条很久才遇到一次，像这一次就是很好的投资机会。

再举一个例子，假设你在谷歌上班，作为员工，最了解谷歌，但是你赚的钱，可不可以再用来投资谷歌？答案是不建议！因为你在谷歌上班，大部分的收入都是工资，如果还把钱砸在谷歌，万一谷歌发生状况，岂不是一辈子的积蓄都没有了？

大家还记得安然案吗？安然公司曾经是全美第七大公司，做天然气买卖，拥有2万多名员工，许多员工每年的退休金都用来买自己公司的股票。结果后来公司破产了，2万多人什么都没有了，工作收入与退休金全部归零。

记住一个重要点概念，**投资组合最好是负相关或至少不相干**，请大家牢记。

接下来有一些行动，请大家记得去执行。

- 第一，你要放平心态。现在股市下跌30%～50%很正常，要知道沃伦·巴菲特买的股票最惨时跌到只剩下20%，一定要有"不慌"的大局观。
- 第二，金融的行为学派给我们三大启示：人是不理性的，涨久必跌、跌久必涨，回归价值。跌过头的机会，有时是很好的进场时机。
- 第三，我们看了台股、美股，有没有发现，长远来看都是涨的，还记得为什么吗？因为上市上柜公司的老板都希望公司越做越大，所以指数就会一直往上走。
- 第四，请你现在将可用的资金分成五包，如果有100万元就各分成20万元。美联储前主席格林斯潘曾表示，投资股市的钱最好是5年都不会动用到。你现在知道为什么是5年了吗？因为金融行为学家说，涨久必跌、跌久必涨，需要6～18个月，甚至3年的时间价格才能恢复理性，来让市场回归长期应该有的价值。

所以，你现在要有心理准备，投进去的钱，可能在18个月之内连本都拿不回来。当你有这种心理准备时，再来投资。

- 第五，请你设计日程表，告诉自己，从今天开始加6个月投第一包，加8个月投第二包，加10个月投第三包，这样就有6～18个月。

还记得跌久必涨吗？因为要经过6～18个月，所以这三包做完之后，接下来就设定1年，再设定1.5

年。所以这1.5年的时间就分5次来投，一定会买到相对的低点。

- **第六**，请你一定要专注本业，不要炒股。因为专注本业，损益表才会变大，损益表变大，有钱的时候才能兵分两路，增加投资部位。

希望通过这6个行动引导，教会大家建立大局观，做到不慌。

第2课　从政策工具了解政府行为

从政府角度，看政策推动背后的道理

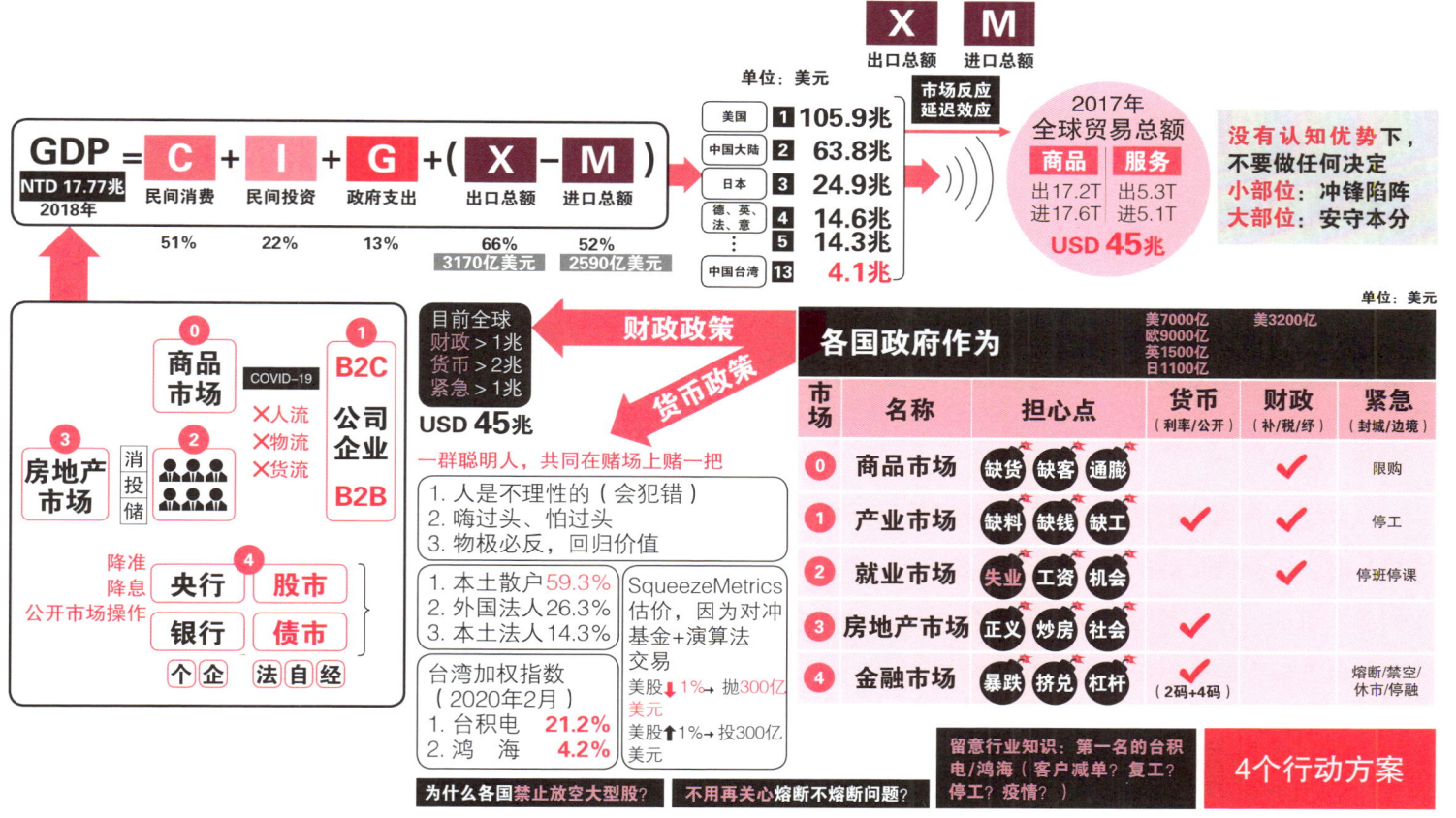

欢迎来到第2堂课，我们这一堂课要讲从政府的视野来看大局思维。还记得一开始讲金融行为学吗？目的是让你"不慌"，了解政府让你"不惑"，了解公司让你"不贼"，再来了解个人，就能"不急"投资，一步一步去做。

没有认知优势不做任何决定

为什么要这样做呢？目的是希望你拥有独立思考能力，在有认知优势下再去做决策；如果对整个人类的金融学行为不了解，对政府行为不了解，对公司的状况也不了解，就去投资，是不是很像赌博？

因此一个很重要的概念就是，**当你"没有任何认知优势"时，不要做重要的决定**，不然会非常危险。就像我们前面讲的，你大部分的资金要安守本分，只拿小部分的资金去冲锋陷阵，一定要清楚这个原则。

有需求就有良性市场循环

我们要去了解一个国家/地区的状况。从国家/地区的视野来看，人类有食、衣、住、行、育、乐的需求。当需求被释放出来，聪明的商人、企业家就会发现，于是就出来创业。不管是to C（个人）还是to B（企业），其塑造出两个市场：❶商品市场与❶企业市场。

做着做着，生意越做越大，企业就需要用人，所以就又出现❷就业市场，形成良性循环。企业家赚到的钱又流动到企业市场，然后又流动到就业市场，就可以雇用更多人。

赚钱获利带动投资与金融行为

人赚了钱就会想享受，所以通常有三种情况：赚的钱一部分拿来消费，消费又回到商品市场，商品市场赚的钱又回到公司企业（图2-1）。

当你有100元，用了60元，还有40元时，会想做什么事？肯定是做有用的事，这些事可能是投资，像❸

房地产、❹股市、债券市场，或其他不同的市场等。接下来还有一些钱，会做什么？可能去储蓄，储蓄的钱就进到银行体系。

金融体系很简单，它的老板是央行。央行管谁？管下面不同的大、中、小银行，银行再把钱放给个人或企业，就是所谓的企业金融跟个人金融的市场。

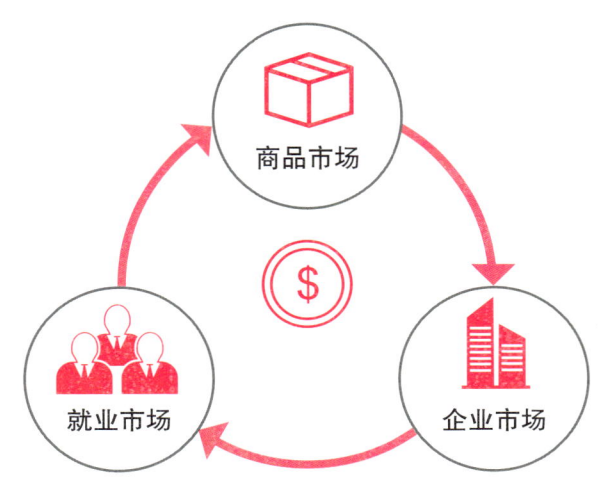

当有需求被释放出来，市场有资金流入时，就会形成良性循环。

图2-1　资金在市场流动概念说明

金融市场之生态系统

央行为了管理，通常运用几种工具，第一个就是"降准"，降低银行的存款准备率，一旦降准，银行需要提拨的金额就会变少。银行本来要提拨多少？以台湾为例，台湾的存款准备率从4.5%至10%……假设你有100亿元，存款准备率10%，就要提拨10亿元给央行。

因此，当存款准备率越高时，银行的钱就越少，因为要上缴给央行；银行的钱少，于是流出来的钱变少了，就会比较贵。所以是用这样的概念来管理银行的状况。

还有一个就是"降息"，降息就是降银行的一些利息。像前阵子央行就有降息，如存贷款利率，还有一些隔夜拆借利率……全部都下降。现在大约是基准利率1.125%，非常便宜。

降息可思考余钱运用

降息使个人和企业都直接受惠。我们的房贷、信贷、车贷或者企业贷款……全部成本都有所下降，所以就有多余的钱可以做一些事。

还有一种管理方式就是"公开市场操作",你现在看到很多国家开始买回债券,买回债券这个动作其实就是放钱到市场上。而卖券、发行债券,就是把钱收回来。

钱多,市场就热络;钱少,市场就会比较紧一点,不能乱投资。这就是所谓的金融市场。

除了央行、银行、个人、企业参与之外,还有法人、自营商、经纪商等,所以在不同的市场中,塑造出整个"金融市场"的概念(图2-2)。

所以正常情况下,商品市场与企业市场、就业市场(人)会不断形成良性循环或跑到不同的投资市场,如房地产、银行等,接下来银行又借钱给企业,让企业有更多资源做大做强,在商品市场/就业市场/房地产/金融……形成一个良性循环。

疫情让人流、物流停滞

但是最近发生疫情,导致突然间人不能流动,如封城、停课,比如2020年科威特宣布大中小学从3月起停课至8月,表示他们评估疫情在夏天会变得比较可控制。但停一次课停那么久很可怕,因为人都不动了,物流、货物也都不太会动了,这是疫情不止歇而造成的状况。

想一想,治理一个国家的目标是什么?很简单,就是要国富民强。如果你是一个国家的领袖,你会希望民间消费、民间投资、政府支出补助变强;出口外贸更是要加强企业的竞争力,然后才有钱去雇用更多人,等等,这样才能塑造出一个良性循环。

金融体系由央行主导,有降准、降息、公开市场操作等管理方法,通常只要是降息,个人与企业都会受惠。

图2-2 金融市场概念

缺货、缺客，担心通膨

但是现在人不能动、物流不能动、货不能动……会发生什么事？我们来想一想，一个国家在不同的市场最担心什么事？

在商品市场最担心什么事？其一是缺货，其二是缺客人。现在就是没有客人的状态，尤其是需要面对面、人与人接触的行业，比如旅游、观光、航运、交通等，因为都是需要与人接触，而且费用又高，房租、人事、水电就占了三分之一，这种企业就很辛苦，还要担心通货膨胀问题。

就业市场关系到信心危机

就业市场最怕什么？你常常在新闻上看到的，怕失业，怕低工资，怕就业机会不多。所以美国前总统特朗普曾经宣布要求美国劳动部的失业人口、就业人口等数据暂时不要对外公布，因为他怕发生信心危机，这也是一个策略。

如果是企业（产业）市场呢？企业市场最怕什么？很简单，最怕缺料和缺钱，而在2020年确实同时发生断料、资金断链的状况，所以需要银行多支持，央行就会出来做事。还有缺工，没有工人怎么办？台湾也有缺工问题，没有工人就要引进外劳等。

房地产市场怕房价下跌　金融市场怕暴跌

房地产市场呢？你想想看，我们看新闻就知道，房地产市场担心的就是房价下跌。

金融市场最怕发生什么事？第一是市场暴跌，所以才会有熔断、禁止放空大型公司等，如大盘3.5%跌下来之后，隔天或今天就不能再放空、融券放空等。第二是挤兑，怕你突然领钱，如果大家一窝蜂去一家银行领钱，银行就倒闭了。

银行倒闭怎么办？就从央行的存款准备金提拨下来，保护群众权益。杠杆的部分就是如果投资杠杆过度，就可能会惨败。所以，一定要有防爆机制。

市场	名称	担心点		
0	商品市场	缺货	缺客	通膨
1	产业市场	缺料	缺钱	缺工
2	就业市场	失业	工资	机会
3	房地产市场	正义	炒房	社会
4	金融市场	暴跌	挤兑	杠杆

图2-3　不同市场担心点

稳定人心由财政、货币政策下手

有了这样的概念,你就可以知道政府的实力来自民间消费、民间投资、政府支出,以及出口和进口（外贸）。台湾地区很强,查了WTO的资料,2018年台湾在全球的出口排在第18名,一年出口额3170亿美元;进口也很强,全球排名第19名,进口额2590亿美元（图2-4）。

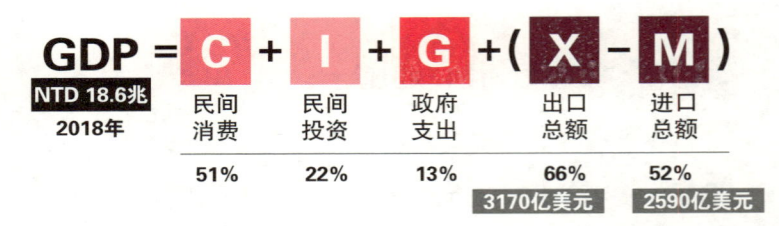

$$GDP = C + I + G + (X - M)$$

NTD 18.6兆　2018年

民间消费	民间投资	政府支出	出口总额	进口总额
51%	22%	13%	66% 3170亿美元	52% 2590亿美元

以台湾为出口导向,出口总额占地区GDP总值66%,大约是3170亿美元。

图2-4　台湾地区生产总值结构说明

看这个百分比就知道,台湾地区什么地方很强。我们是出口导向,出口总额占了66%,另外就是民间消费。但现在疫情影响民间消费,所以要发三倍券、优惠券、夜市券。美国前总统特朗普则是直接发给每人1200美元,试算一下,美国有3.2亿人,如果每个人算发1000美元,就等于3200亿美元,这就叫作财政政策。

所以换句话说,为了稳住整个经济,政府会采取一些做法。我们来看一下,为了稳住经济,各国开始推出第一招,就是所谓的"财政政策",直接瞄准一个地方,缺什么就补什么。

"货币政策"就是撒钱的意思。所以货币政策目前有多大规模?美国投了7000亿美元,欧洲央行投了

7500亿欧元（9000亿美元左右），英国投了1500亿美元，日本也投了1100亿美元，中国台湾地区也陆陆续续投入……换句话说，货币政策全球目前已知总共2.5兆美元左右，如果情况再恶化，会有更多撒钱的货币政策出现。

再来看"财政政策"，就是补贴、减税、延后税款。当时的美国总统特朗普动作很快，他把中小企业或个人税务往后延后半年、一年……目的是把钱留在大家身上，这样大家才有钱去消费。或者是紧急的命令，如封城、封边境，或者特殊的命令，如财政纾困。纾困会落实到个人，如果你生病了，所有的医疗费用国家帮你出；或者是你去验病毒，国家帮你出钱；等等。

甚至会有一些特殊的行政命令、紧急命令颁布出来，如停课、停班、停工、限购、熔断机制、禁止放空、休市、停止融资融券等。

所以，用比较大的视野检视，目前全球的财政政策加起来，已经超过1兆美元，货币政策2.5兆美元，两个相加超过3兆美元，再加上一些紧急应变措施1兆美元，总共有超过4兆美元的支出。

全球的贸易总额，根据WTO的资料，2017年在实际的商品跟服务两个区块，大概是45兆美元。其中商品因为食、衣、住、行类别需求大，仅仅商品类别的进出口贸易加起来就有近35兆美元，非常庞大（图2-5）。

现阶段观察的重点与做法

换句话说，现在各国的财政政策跟货币政策已经增加了10%，这已经做到极致了。为什么？2008年金融海啸的时候，全球的量化宽松政策，投了将近5兆美元，而现在已经到4兆美元，很惊人。

金融市场基本上是一种信心市场，当整个市场都失去信心时，就会成为政治危机，所以各国都会救市。如何知道有没有信心？

很简单，第一，你要去观察一件事，各国的口罩买得到吗？如果大家都买得到，就不用慌。

第二，各个国家的医疗体系不能崩溃，一旦崩溃，大家就会丧失信心，接下来股市、债市会跌得更深……若加上口罩一直买不到，去医院检查也一直没有病床，

货币支出	
美	7000亿
欧	9000亿
英	1500亿
日	1100亿
……	……

整体救市资金支出（全球）

财政（缺什么补什么）	>1兆
货币	>2兆
紧急预备金	>1兆
合计	>4兆

2017年全球贸易总额

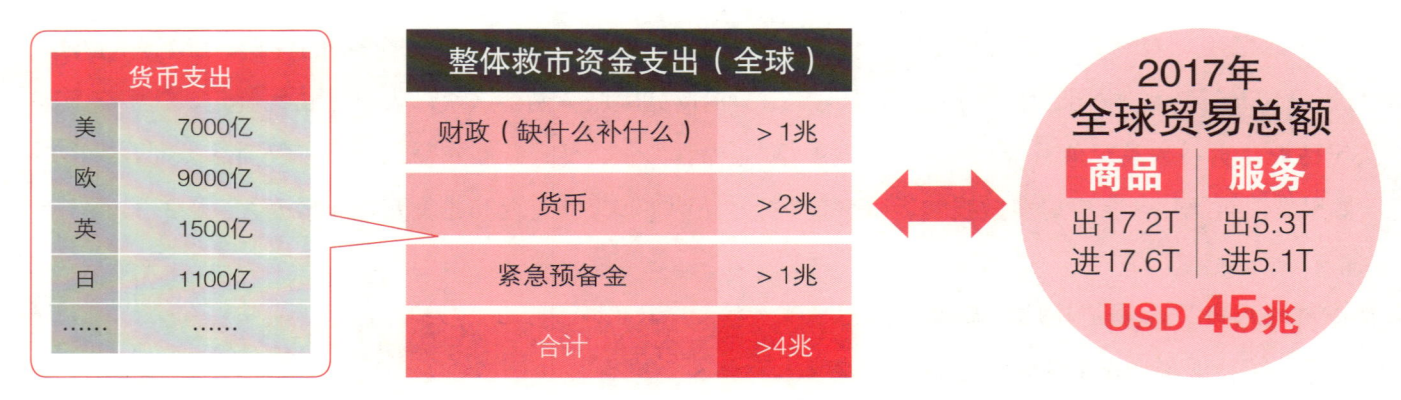

商品	服务
出17.2T	出5.3T
进17.6T	进5.1T

USD 45兆

资料来源：WTO（单位：美元）

针对这一波疫情影响，全球包含货币、紧急应变等金额支出超过4兆美元。以2017年全球贸易总额45兆美元来看，等于又投入了10%资金进去，非常惊人。

图2-5　面对疫情各国做法与整体资金支出状况

就会让整个国家信心崩盘。所以这两个指标是要特别去关注的。若是发生不同情况，就要关注不同指标。

看看有钱人的投资动向

那接下来要注意什么？我们投资的时候，一定要跟有钱人在一起，因为有钱人才会有资金，有资金才会流到市场去投资。

我们看一下瑞士信贷集团（Credit Suisse）2019年的私人财富排名，美国民间财富世界排第1名，总共有105.9兆美元；中国大陆排第2名，有63.8兆美元；接着是日本24.9兆美元；德国、英国、法国、意大利等14兆美元左右；中国台湾地区是4.1兆美元，排第13名（图2-6）。

我们接下来会教大家投资美股、A股以及台股，就是

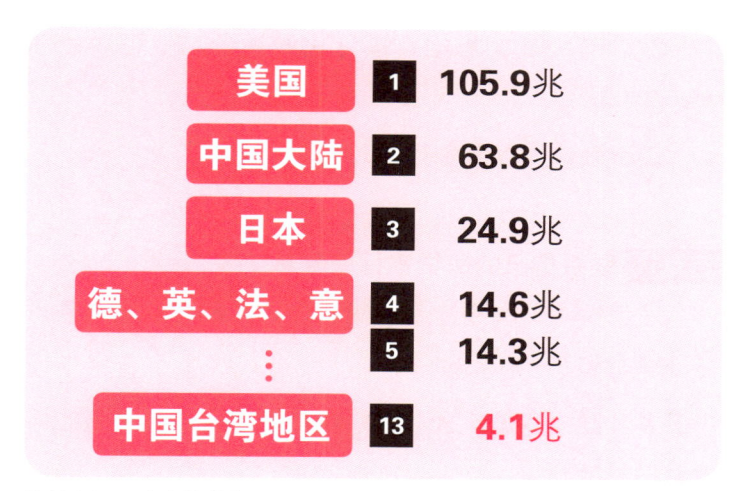

国家/地区	排名	财富
美国	1	105.9兆
中国大陆	2	63.8兆
日本	3	24.9兆
德、英、法、意	4	14.6兆
	5	14.3兆
中国台湾地区	13	4.1兆

资料来源：瑞士信贷集团（单位：美元）
中国台湾地区在全球排第13名，已经算是相当不错。

图2-6　2019年私人财富排名

这个原因。现在因为受疫情影响，进出口都受影响，市场会有缓慢的递延效应。什么叫递延效应？就是慢半拍，一定要亲眼所见，市场才会全面反应。

就像之前疫情开始时，亚洲地区很多国家都很紧张，跟着做了很多动作。而欧美很多人则认为新冠肺炎是亚洲的事情，跟他们没什么关系。结果没有想到，疫情很快就扩散至全球了。

台湾股市如何观察？

有了这个概念，我们来看一下中国台湾地区的股市。台湾的加权指数在疫情初期是9000多点，其中台积电就占21.2%的市值，鸿海占了4.2%，所以这两家相加就是25.4%。而我们台湾的散户占了将近59.3%，外国法人26%，本土法人14.3%。

换句话说，这次投资如果能够获利要感谢散户，因为我们之前的行为经济学有讲到，散户是不理性的、会犯错的，嗨的时候嗨过头，怕的时候怕过头，而那时候就是怕过头，随后又会物极必反，回归价值，有这个概念就可以了。

现在是一群聪明人在市场上赌博，但记得你不要赌博，还记得我们开宗明义就希望你"不慌""不惑""不赌"，不要赌，而是要慢慢地投资。

接下来很重要的概念是，你要去了解为什么各国会禁止放空大型股。因为大型股的权值比较大，如果放空它跌了3%、5%、10%，整个大盘就跌得很深，一旦跌得很深，就会产生领头羊效应，大家就跟着卖掉，越卖越慌。因为担心跌会跌过头，人是不理性的。

选择两大龙头企业动态为指标

因此，请你不要再去关心美股熔断不熔断的问题，因为还是会不断出现，2020年已经出现第五次了。那么你要留意什么呢？我们运气很好，台积电是全世界晶圆代工的第1名，台湾地区的半导体产值是世界第2名，我们的晶圆代工跟IC设计是世界第1名。

因此，你要留意台积电的客户有没有抽单，它的订单生产状况怎么样，有没有裁员。它就是前期指标，因为台积电生产的是半导体元件产品，接下来就会用到制造商等，一直到系统厂商、通路，所以只要台积电没有变化，就是一个很好的信号。

还一个就是鸿海，鸿海是全世界最大的电子制造厂，只要它没有裁员，生产复工状况很好，有持续的生产，就代表它的客户没有受到影响。所以，刚好这两家都是台湾的公司，你只要关心这两家公司的状况，就可以大概了解全世界的企业市场。

所以说我们占尽天时地利，请大家好好地去掌握这一波。有大局的思维、国际化的视野，就可以让你"不惑"。

接下来课后有四个行动方案：

行动 1 **联系自己的房贷银行谈降息**

还记得吗？刚刚提到的货币政策，现在整个市场，全世界都投了2兆多美元进来，那就代表整个金融市场钱很多。钱很多是什么意思？就是你应该联系自己的房贷银行，想办法谈再降一点利息。

怎么做？很简单。你打电话给银行请他们帮忙查一下房贷余额。例如，如果说还有800万元，你就说还好只有800万元，刚好额外拿到一些奖金，明天把它还掉好了。而银行现在的状态是满手钱放不出去，因此很担心长期稳定的20年房贷客户会因为换银行或是缴清房贷而跑掉，听你这么说，就会主动帮你降低利息。

一旦银行主动降低房贷利息，那么在20年间你就可省下几十万元，这是非常划算的。

行动 2 **有信贷的朋友：借新债、还旧债**

针对有信贷的朋友，可能你的状况不是很好，负债偏多，不过也算运气不错，遇上利率下降。这个时候，请你用借新债、还旧债的方式，来改善财务结构。

因为原来利息可能要5%～6%，现在利息下降，你现在借新的钱可能只要3%～4%，请你借新的钱来还掉旧债让负债变低，接下来就要更加注意财务规划，尽量避免用到信贷，因为信贷是以短支长（以短期资金去支应长期所需）的危险动作。

行动 3 **控制财务结构中的负债<60%**

这期间，请你一定要去改善自己的财务结构，要想尽办法使负债小于60%，因为你一旦负债变大，任何一个意外事件都很容易导致你破产，如果没有抗压能力，天塌下来就崩溃了。所以，一定要注意你的财务结构。

行动 4 **公司行号与往来银行议价**

如果你是公司行号，请把你的钱（不管多少钱）都存在主要的往来银行，然后打电话跟银行协调，能不能降低利息。现在整个金融市场多了2兆美元，是很多的！

思考一下，因2008年、2009年金融海啸消失的财富，全世界大概是10兆美元，搞了这么大一件事情才10兆美元。现在整个市场投了4兆美元进来，我觉得很快市场就会恢复理性，就有机会了。

为什么呢？先看第一波，如果一直跌，本土散户就会放弃不玩了。这时候剩下法人，不管是本土的还是外商，因为"物极必反，回归价值"。之前我们有提到，发达国家6～12个月恢复，发展中国家则是18～36个月恢复。

所以，请记住我一直跟大家强调的，给自己6个月时间观望，一步一步慢慢来，然后去盘点该做哪些事情。

第3课 从损益表了解公司赚或亏

用损益表，看公司赚钱的逻辑与方法

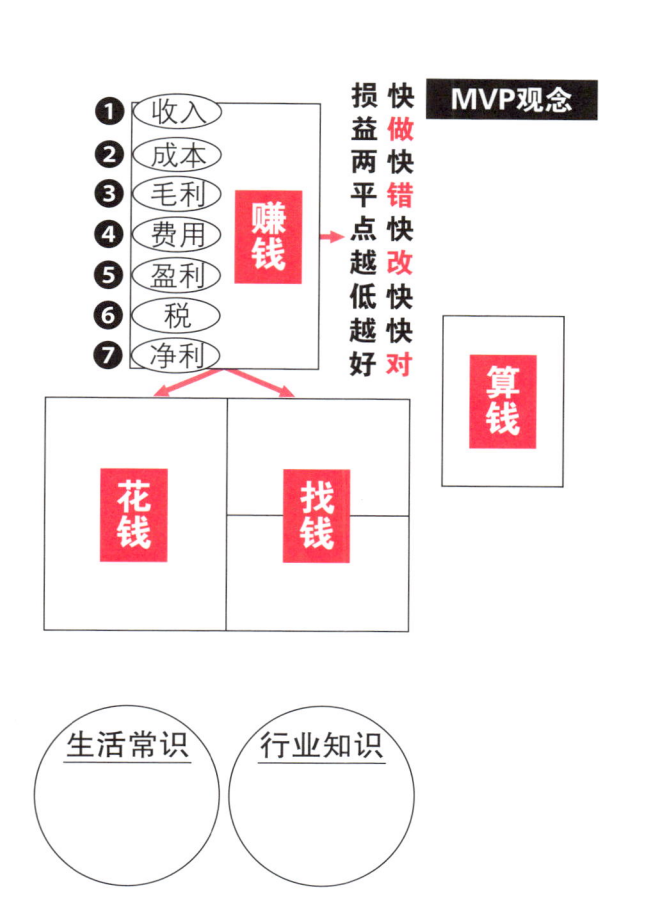

损益两平点越低越好

快做快错快改快对

① 收入
② 成本
③ 毛利
④ 费用
⑤ 盈利
⑥ 税
⑦ 净利

赚钱 → **花钱** / **找钱**

MVP观念

算钱

生活常识　　行业知识

① B2C：客户总数 × 购买金额 × 购买次数
　B2B：专案总数 × 专案金额 × 专案胜率
　互联网：引流 × 裂变 × 成交 × 复购 × 转介
　品牌：找到饥饿受众 × 提供难以拒绝的方案 × 卖出第二杯

增收不增利 = 白做工

② 料、工、费、外包费用

　毛利高，选择多，拥抱变化的空间才会大，因为你有余闲
　毛利＜10%，认真思考转型（不要做：小数点以下的努力）

③ 毛利：大方向由产业决定，一人难以翻天，除非自创品类
　　　　例如，痛点！蓝海／利基／长尾……
　研发需要策略思维（现在＋短期＋未来）

④ 销、管、研、折、分期摊销（费用＝固定＋变动，尽力降低固定费用）

⑤ 营业利益：公司赚钱的真本事！经营Know-How

⑥ 营所税：最好定期每月提拨，才不会误事违法

⑦ 净利：推估的观念，有钱之后，兵分两路："花钱"或"找钱"
　（投资更多？还钱改善财务结构？分红股东？）

结构性的获利能力

赚钱靠市场需求：你看到别人没看到的问题点／痛点／爽点
赚大钱靠需求规模与风口

持续赚钱要靠四个内功：① ② ③ ④

重点在于有没有良好结构的获利模式：
　营业利益成长率＞营收成长率　or
　净利成长率＞营收成长率

终极指标：是否有**市场定价权（涨价权）**
　（长期稳定获利能力、经济护城河）

第3堂课要教大家的是"公司的立场"。在这次整体投资实战课中，必须具备从上到下的独立思考能力。最上面的叫"金融市场"，人类的行为是不理性的，因此，一旦了解金融学的知识，就可以做到"不慌"。

接下来"国家"这个层次，在政策层面一定会救经济、救市场、救股市，我们了解后，就可以做到"不惑"。最下面的是"公司的立场"，只要去了解它的价值是怎么计算，就可以做到"不赌"。

公司价值：三大报表＋生活常识与行业知识＋万物皆有价

一家公司的价值源自三个重点：

- **三大报表**：损益表、资产负债表、现金流量表。
- **"两只脚"**：生活常识、行业知识（接地气）。
- **万物皆有价**：价格怎么定？接下来几堂课会说明。

先来说三大报表，损益表是让大家了解赚钱的逻辑和方法。其实报表只有三张，分别是损益表（赚不赚钱）、资产负债表、现金流量表。把这三张报表摆在一起看，像一个立体模型（图3-1），就不会觉得很复杂。

还记得很重要的接地气的"两只脚"吗？就是生活常识与行业专业知识。上述的三个报表就算都满分了，也只占60%，必须再具备20%的生活常识及20%的行业知识，具备这样的立体模型才能算出一家公司的价值。

损益表只有三大类，即收入、成本、费用。收入就是思考要做B2B、B2C、品牌等，看哪个比较稳，而收入扣掉成本和费用，就是我们要的净利。至于成本，后面会再说明。

净利：为推估 不等同于现金

先来谈"净利"。永远要记得净利是一个推估的概念，而不是hundred percent firm（百分百确定）。经营企业很少是收现金做生意，而且多少会遇到销让、销退、销折、客户流失等状况，因此要理解净利并不等同现金，它只是让我们知道该企业在这期间到底有没有赚钱。

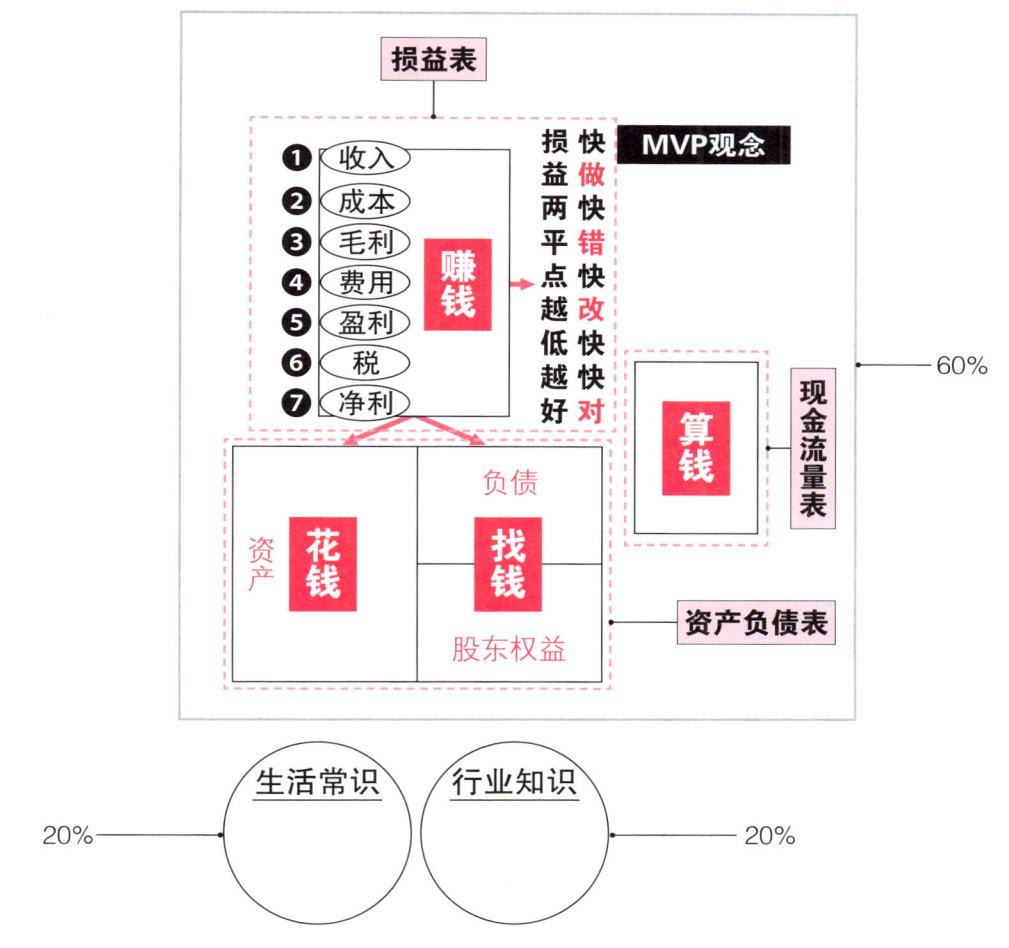

一家公司的价值，需要有三大报表与生活常识、行业知识才能算出。

图3-1　公司价值计算立体模型

B2C：当客户总数＝0时收入直线往下

"收入"，以B2C来说，只有三大类，即销货收入、营业收入、服务收入（图3-2）。其公式为**客户总数×购买金额×购买次数**（图3-3）。这可结合"两只脚"当中的"生活常识"来帮助做判断，如最近餐饮业、旅游、航空业非常紧张，为什么？因为客户都没有了。对照公式来看，第一个"客户总数"是0的状况，后面就等于是0，收入就直线往下。那么疫情结束之后呢？经济会不会复苏？所以也有可能是"V"形反转的状态。

再举例来看近期的防疫设备，没错，很多客户平时不买这些防疫用品，现在突然出现了客户总数增加，购买金额也有增长。可是一旦疫情结束之后，客户会再买第二次、第三次吗？答案是不会。所以就可以知道这些公司将来的收入一定是可预期地突然下滑。在思考收入时，一定要有这种分类概念。

B2B：须具备胜率只有1/3概念

第二种客户是属于B2B的生意，它的概念很简单，收入＝**专案总数×专案金额×专案胜率**（图3-4）。为什

买卖业　销货收入

制造业　营业收入

服务业　服务收入

收入有三种类别，由此便可知道一家公司的状况。

图3-2　收入三类别

B2C ＝ 客户总数 × 购买金额 × 购买次数

疫情期间许多行业客户总数都为0，收入直线往下，但当疫情结束之后，有可能呈现"V"形反转。

图3-3　B2C概念

还有专案胜率呢？因为在做B2B（企业对企业）生意时，不是只有你一个人去跟客户谈生意，客户也会询价、议价、比价，货比三家，所以有"询""议""比"。

B2B = 专案总数 × 专案金额 × 专案胜率

B2B因为客户会货比三家，只能用1/3的胜率来思考。

图3-4　B2B概念

因此，在做B2B时，一定要告诉自己，你的胜率只有1/3，因为三家竞争对手抢一个订单，你更应该去思考做什么事情可以不断地提升胜率：应该要跟谁接触？了解更多什么情报？问什么问题？这样才能提升胜率。

互联网：复购与转介很重要

再来谈"互联网"。互联网很简单，就是引流×裂变×成交×复购×转介。先想流量是买的还是自己建的，还是借由名人引流？接下来是裂变，一变二、二变三、三变四……然后成交。但网络界都忘了复购，忽略客服就会没有转介。不过这几年越做越好，因为大家重视老客户与会员经营，所以复购跟转介的力道也变强了。

品牌："一针顶天"技能不可少

如果你拥有品牌，如何创造营收？那就是找到饥饿的受众×提供难以拒绝的方案×卖出第二杯（图3-5）。找到一群饥饿的受众，这些受众非常想要你的产品，然后你能提供一些他们无法拒绝、只有你会（"一针顶天"）、他们非买不可的东西，然后解决他们的痛点，这样客户就会买单。接下来，就是想办法继续卖第二杯。

品牌 = 找到饥饿的受众 × 提供难以拒绝的方案 × 卖出第二杯

品牌经营需要用"一针顶天"的技能来解决客户痛点。

图3-5　品牌经营概念

成本：思考差异性优势的核心能力

接下来讲"成本"。成本包括三部分：原材料、人工、制造费与外包费用。对成本的控制牵涉到你对物料的掌控能力、对人力资源的选用育留、对制程与技术的把握等问题。因此，我们在经营公司时要思考，你的核心能力来自哪里。

毛利：由产业决定 找出蓝海市场

再来讲"毛利"。毛利非常重要，毛利率是一个指向标，毛利率高代表公司在走向好的领域。但毛利率是由行业决定，不是自己决定的，如果行业毛利率是10%，不可能你的公司可以做到20%、40%、50%。除非你是自创品类，举例来说，大家都吃维生素，所以产品很便宜，但如果吃了你的产品之后皮肤会变好，或者有特殊疗效，你的产品就会进入新的品项，就有机会达到比较高的毛利。

为何医疗行业毛利率那么高，动不动50%、60%甚至90%？因为医疗行业涉及人们的一个痛点，比如，如果不吃某个药马上就会面临死亡威胁，那么，不管这药多贵都会有人愿意买。因此，记得毛利率是由行业决定的，除非是找到自创品类、新应用、如入无人之境的蓝海、利基市场以及别人看不起的长尾市场等（图3-6）。

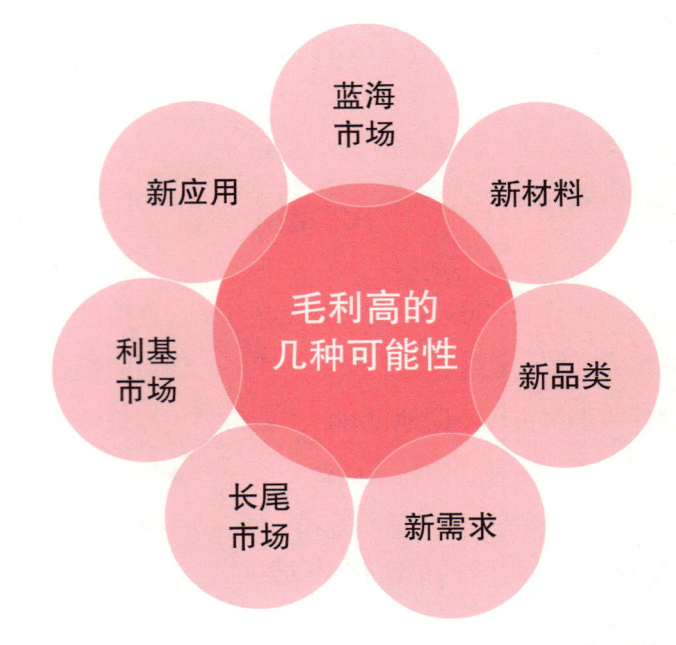

毛利率是由行业决定的，如毛利率低于10%，就要认真思考转型。

图3-6　毛利概念说明

费用：扣掉后的营业利益才是赚钱真本事

以上介绍完收入、成本，继续谈"费用"。费用就像个人的食、衣、住、行、育、乐；对应公司的销售、管理、研发、折旧、分期摊销……费用又分固定费用和变动费用，最好的情况是固定费用低一点，也就是基本开销低一些，这样压力就会比较小。扣完费用的部分就是"营业利益"，也就是代表公司赚钱的真本事。收入扣掉成本为毛利，毛利再扣掉费用就是营业利益，这个赚钱的真本事当然是越大越好。

如同前面所提，净利很棒，但永远记得净利是推估的。记住口诀，在有钱之后就要兵分两路。

钱丢到"花钱"这边，都在动资产类的科目，称为投资策略、资本支出、投资组合。如果钱往"找钱"这边丢，就分找外面的钱，还是找里面人的钱。外面的钱叫"负债资本""外部资本"，内部的钱叫"自有资金""自有资本""股东权益"等（图3-7）。

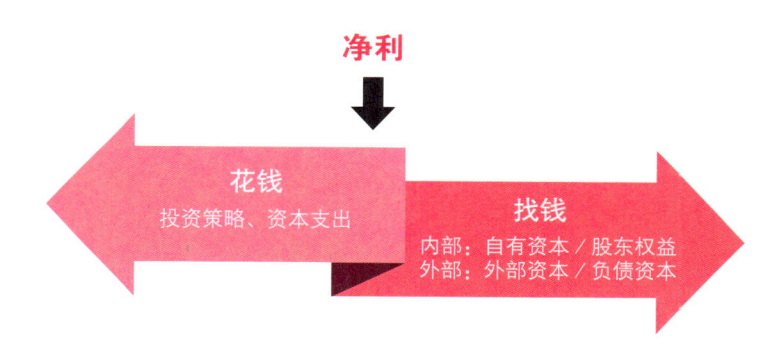

图3-7　获得净利后资金走向

请思考有没有"结构性的获利能力"

损益表告诉我们的是赚钱的逻辑与方法，公司要思考的是，有没有"结构性的获利能力"。赚钱要靠解决问题，赚大钱要靠规模和风口，所以这很重要。要持续赚钱，就要靠几个功力：**开发客户、成本控制、节省费用。**

第一是收入，你会不会开发客户？会不会开发新的市场区隔、新的产品线？第二是成本，你会不会控制料工费？制程、设备使用状况、供应商管理、材料管理等有没有比人家厉害？产品合格率是不是比人家高？第三是费用，对应衣、食、住、行、育、乐的销售、管理、研发、折旧、分期摊销费用等，有没有别人家节省？有没有比别人更有效率？执行力足够好吗？如此就会知道税后有没有利润。

靠开发市场拓展能力赚钱	收入
靠制程、供应商管理赚钱	成本
靠内部效率、节省费用来赚钱	费用

想要持续赚钱，要靠开发客户、成本控制、节省费用三大渠道。

图3-8　利润哪里来？

增收不增利 就是白做工

开源很重要。节流只能控制成本和费用，而这两者一定会大于零，成本和费用不可能小于0，若只会控制成本或费用，成长就有限。我建议大家要关注那些收入特别高同时成本和费用又能控得还不错的公司，这种公司很棒。

损益表是在告诉我们有没有良好获利能力的结构，换句话说，假设营收成长了100%，净利成长120%，这就是告诉我们成本或者费用做了很好的管控。可是如果情况变了呢？你的营收成长100%，净利只有增长8%，这代表什么意思？代表成本管控不好，费用也增

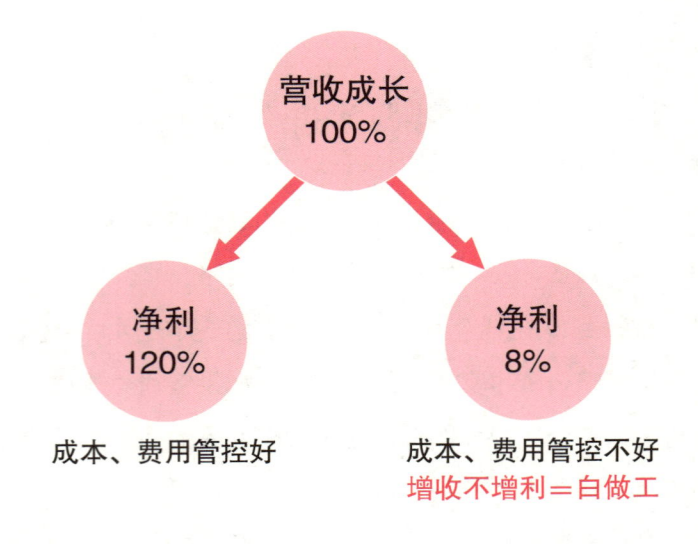

营收成长100%
↙ ↘
净利120%　　　净利8%
成本、费用管控好　　成本、费用管控不好
　　　　　　　　　增收不增利＝白做工

营收增加100%，净利却只有增加一点点，表示成本控管不佳，等于白做工。

图3-9　损益表需具备概念

加太多。

有一个很重要的概念：损益表一定要**避免增收不增利**。即使增加营收很多，不增加利润就是不好，因此要记得损益表仅是作为参考，它是推估的概念。千万不要再相信媒体随便讲的，某某公司营收创新高，所以净利创新高。

最后，最重要的是什么？就是要看这家公司有没有定价、涨价的能力，这才是最重要的。你的公司、产品、客户，你有没有能力帮它涨价？像台积电、大立光、苹果就有涨价能力，比如苹果手机当初才1万多新台币，后来涨到3万多新台币、4万多新台币等，就是这个意思。

跟犹太人学商业思维　向大妈学生活常识

全球犹太人约有1300万人，其中美国大概占了600万人。犹太人非常厉害，在诺贝尔奖得奖者中占了1/4；全部美国人的总财富106兆美元，犹太人就占了60%。自20世纪70年代起，连续五届的美联储主席全都是犹太人，如上一任的伯南克（Ben Bernanke）、再上一任的格林斯潘（Alan Greenspan）都是犹太人。根据《福布斯》杂志2012年的资料，全美40位最有钱的人中有21位是犹太人，比例超过1/2。

"打群架"　找综效　不要挤红海市场

犹太人有什么地方值得学习？举例来说，台湾人见开加油站很赚钱，所有人就一窝蜂全跑去开加油站。但犹太人就会想，除了开加油站之外，他们是不是有修车的需求？是不是有吃饭的市场需求？是不是有住宿需求？他们看的是整个产业的综效；我们则是一窝蜂跟风，没有思考能力，最后只能杀价竞争，成为红海，活得很辛苦。

以下这句话很重要，你选的公司或者要投入的公司，不能在红海市场里。什么是红海市场？

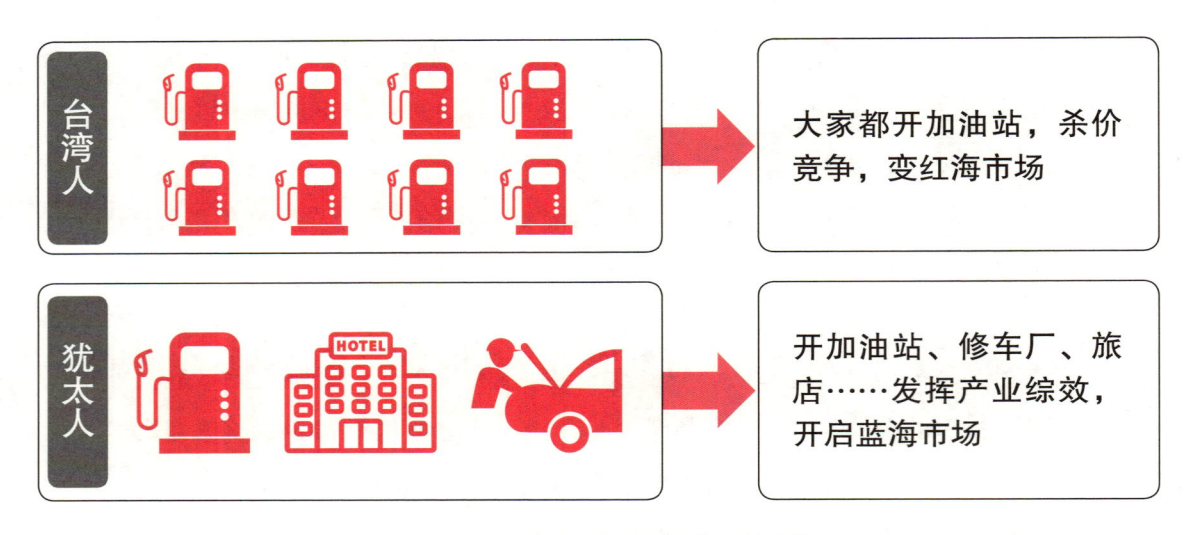

图3-10　学习犹太人商业思维

- 毛利率低于10%。
- 没有较强的市场开发能力。
- 没有很强的成本控管能力。
- 没有很强的费用管控能力等。
- 没有独立思考能力，做生意只会跟风。

另外我们也要向大妈学习。学什么？生活常识。有没有发现最近大妈在做什么？大妈对内是代表家庭，对外是代表经济。前阵子她们抢物资、抢口罩、抢米、抢卫生纸，现在又在抢什么呢？抢着去股市开户。她们有2008年金融海啸后股市反弹的经验，因此抢着开户。但是她们不知道的是，股市多久才会起来。我跟大家说，平均6~12个月，我请大家6个月以后再行动。

我告诉大家，我们要看看大妈在做什么事，但不要马上跟进。**记得大妈做完动作6个月后我们再跟进即可。**

接下来有两个作业请大家思考一下，本堂课提到收入来自：

- 买卖业>>>销售收入
- 制造业>>>营业收入
- 服务业>>>服务收入
- 收入来源＝客户总数×购买金额×购买次数

[作业一]

- 有没有行业的营收走势是一路下滑，不会起来的？
- 有什么行业是持平的？（如军工业……）
- 有什么行业是一路上升，不会下滑的？
- 有什么行业可能暴增，然后急跌？（如口罩、测温枪……疫情过后可能不会有人再买的……）
- 有什么行业可能走势下降，却又回升？（如旅游业、航空业的"V"形反转……）

大家思考一下，填写以下表格。

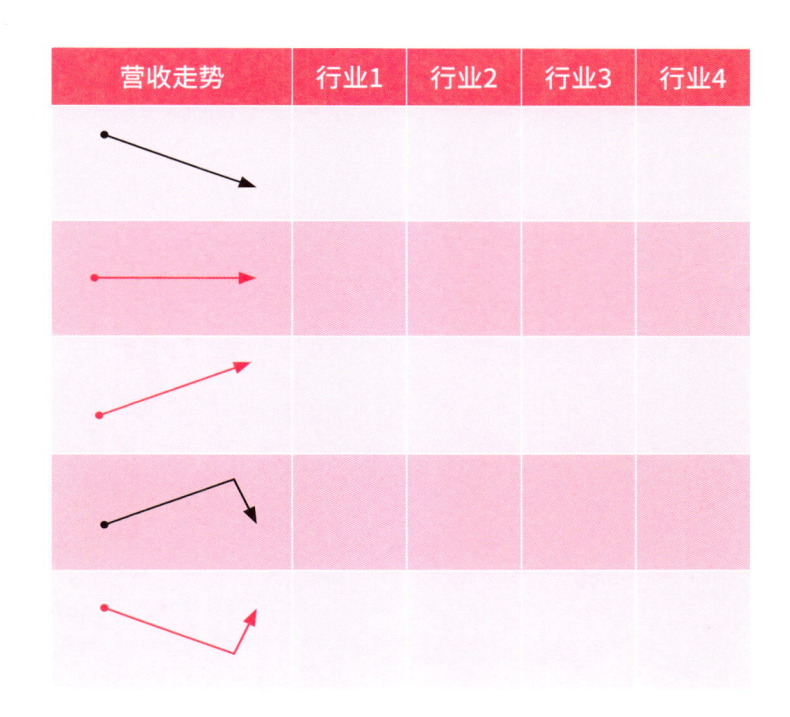

营收走势	行业1	行业2	行业3	行业4
↘				
→				
↗				
↘				
∨				

[作业二]

本堂课的损益表，我们学到了什么？举例：毛利率原来不是由自己决定，而是由行业决定的。我们用曼陀罗思考法，把8个点写好，每张报表学到8个点，接下我们看不同公司的财务报表时，就可以从不同的方面去思考了。

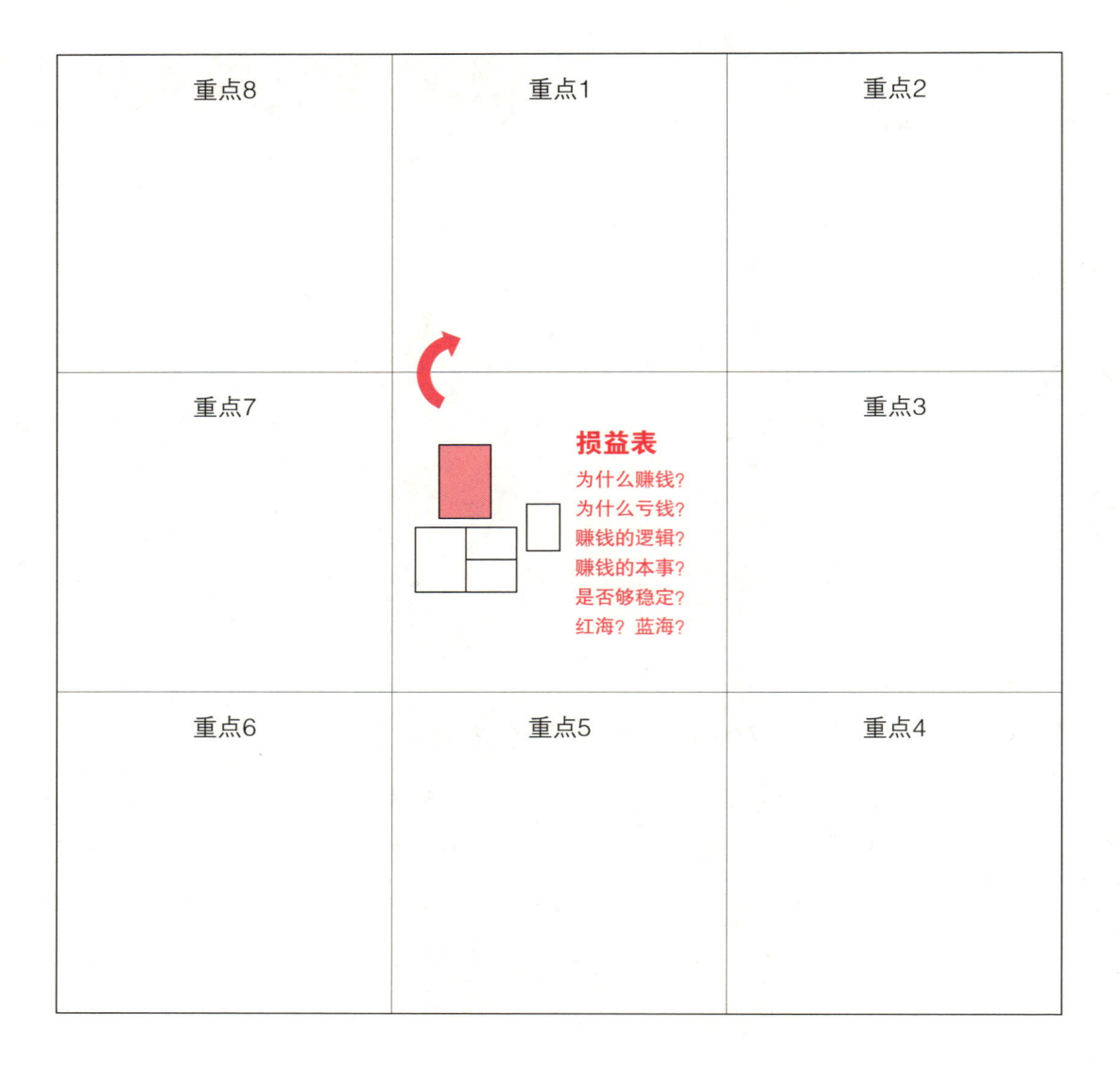

重点8	重点1	重点2
重点7	**损益表** 为什么赚钱？ 为什么亏钱？ 赚钱的逻辑？ 赚钱的本事？ 是否够稳定？ 红海？蓝海？	重点3
重点6	重点5	重点4

第4课　从资产负债表了解公司经营能力

用资产负债表，看公司的财务结构与总资产周转率

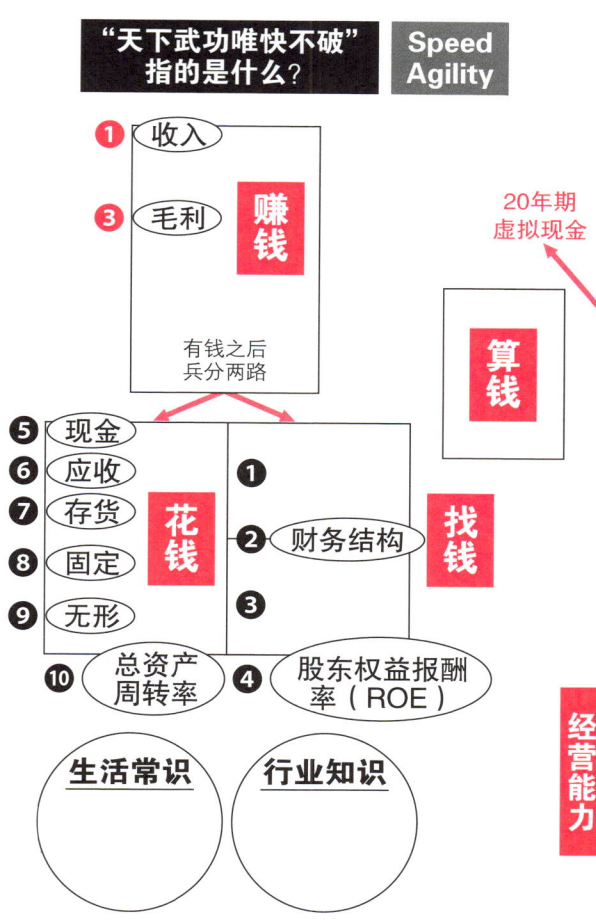

"天下武功唯快不破"指的是什么？　Speed Agility

- ❶ 收入
- ❸ 毛利
→ 赚钱

有钱之后兵分两路

- ❺ 现金
- ❻ 应收
- ❼ 存货
- ❽ 固定
- ❾ 无形
→ 花钱

- ❶
- ❷ 财务结构
- ❸
→ 找钱

20年期虚拟现金 → 算钱

- ❿ 总资产周转率
- ❹ 股东权益报酬率（ROE）

生活常识　　行业知识

什么时候是借钱的好时机？（借钱的艺术）

❶ 公司很有钱时（因为银行是晴天借伞，雨天收伞）
公司很赚钱时（损益表表现特别好的时候）：易到周行！

❷ 不超过同行的健康负债（如同行都是50%，TSMC 20%），棒子高一点比较好
　　→ **最好靠保留盈余做生意，不用看人脸色**

❸ 股东权益：股本、保留盈余、资本公积

❹ ROE＞20%就很厉害，**留意财务杠杆 ❷ 是否过高**！

❺ 现金与约当现金：最好25%，最少要有10%（**有粮心不慌**）

❻ 应收：要及时收款，不要比业界慢，比较慢＝比较逊

❼ 存货：该清仓就应低价换现金，存货＝现金的化身
做生意完整周期＝ ❻＋❼，如果＞200天，要有 ❺，**毛利 ❸ 要高**

❽ 固定资产不要买过多，如果没用到反而会烧钱，让自己没钱

❾ 商誉或无形资产：无用的或低价的就打掉，不要留着自嗨

❿ 总资产周转率＞1比较好；＞2通常指运营效率高，工作又忙又快；＜1代表烧钱或是奢侈品等，烧钱行业要同步看 ❺ 与收入 ❶

经营能力 / 财务结构

要定低价？高价？→看行业特性与做生意完整周期
（＞200天，要采高价；＜60天的公司，才有资格启动价格战）

是否有足够现金来度过寒冬与两个死亡之谷？（2.5年、7年）
金融市场的五字咒语："这次不一样！"（哪次不一样？）

是否以长支长？最快的自杀式经营：短债长投（以短支长）

这张报表的终极目标：
高品质的资产与没有被低估或表外的负债

来到第4堂课，我们讲公司的财务报表。财务报表是了解一家公司的根本，只要再加上"两只脚"——生活常识和行业知识——的理解，我们就可以做到"不赌"；往上一个层次，了解国家的一些作为，我们就可以做到"不惑"；再上一个层次，了解整个金融人类的行为，我们就可以做到"不慌"。不慌、不惑、不赌，请大家一定要有这种大架构的思维。

透过财务报表看公司全貌

这一堂课我们要来谈资产负债表，因为这张报表可以让你了解一家公司的经营能力。还记得财务报表的立体观（图4-1）吗？损益表是告诉我们公司到底是赚钱还是亏钱；而这堂课的重点会放在资产负债表上。

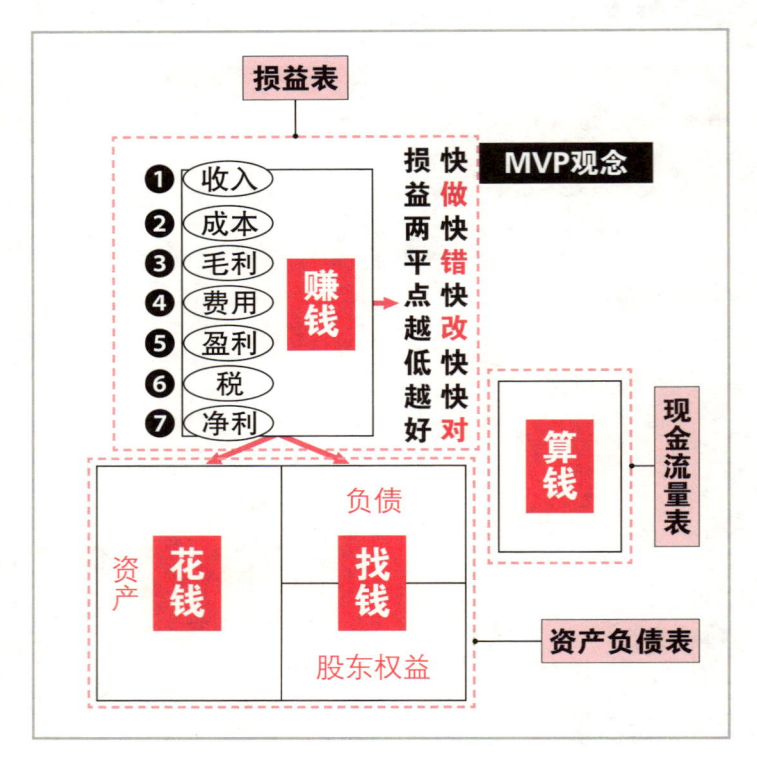

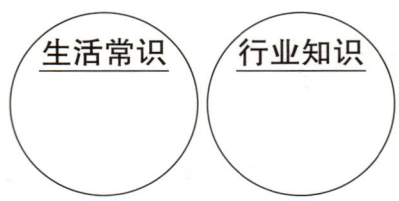

财务报表是一家公司的体检报告，彻底了解它才能看出整体经营能力。

图4-1　财务报表立体观

资产负债表有几个点很重要，第一个就是"负债"。负债有长期的，也有短期的，还记得前几堂课程，叫大家打电话给银行吗？要知道，现在全球都在用货币政策降准、降息，或者做回购，买了很多国债回来，释放了很多现金，代表整个金融市场资金水位非常多。

这时候请你一定要致电往来银行问问看，譬如1000万元的房贷，利息1.9%，打电话过去可能就降了一些息。假设降至1.75%，1000万元房贷每月原本大约要缴50116元，降息后变成49413元，相当于每个月可以帮你省下703元。

感觉很少？其实不然，这是20年期的房贷，每个月少703元，20年240个月，就可以省168720元，这还是在只有1000万元房贷的情况。因此，打个电话，就入袋接近17万元，是不是很划算？这就是因为货币政策让整个市场资金非常宽松。

去杠杆 不要让负债太高

资产负债表的另一个要点，就是财务结构。它很重要，公司要有健康的财务结构。但什么叫"健康"呢？要拿去跟同行比。比如台积电的同行大概负债是50%，而台积电只有20%，就代表它有很好的财务结构。所以还要记得一件事：在危机时刻，你一定要去杠杆。财务结构中，杠杆不能太高，负债不要太多，否则只要银行一抽银根，就会很惨！

资产负债表的第三个要点就是ROE（股东权益报酬率，又称股东回报率）。好的公司都会把赚的钱保留起来做生意，负债少一点，不用看人脸色，才能度过寒冬。好公司通常都用股东赚的钱或股东增资来赚钱，这种做法暗示这可能是一门好生意，又有赚钱的真本事。现在明白这样的逻辑就可以，之后再跟大家分享应该怎么去看财报，重要的是要树立一个财报观念的框架。

> **小提醒**
>
> **股东权益**：股本、保留盈余（最好靠保留盈余做生意，不用看人脸色）、资本公积。

另外，不要有过度的期待。股东投入的本叫股东权益，至于股东能得到的好处叫净利（NI）；两个一除，就是ROE的概念。通常ROE大于20%，就是非常棒的表现了。但是你也要留意，高ROE的背后会不会是公司利用财务操作，造成财务杠杆过高（股东权益过低）。

例如，ROE高，是因为财务结构的棒子在这里（图4-2），红底上方的部分是负债，红底这块是股东权益。你的负债那么多，股本却只有一点点，如果净利一样，ROE自然会很高。所以一旦看到高ROE，你就要提高警惕，这家公司是不是用了高杠杆。现在是关键时刻，一定要去杠杆。你跟人家逆流而行，很容易发生财务危机。

资产类项目过多 公司可能有问题

我们之前有讲到资产负债表左边"资产"类最重要的三个科目：现金与约当现金、应收账款、存货。好的公司大概只有10种资产类科目，类型不要太多。如果你看到一家公司的资产类科目又多又长，甚至你从来没

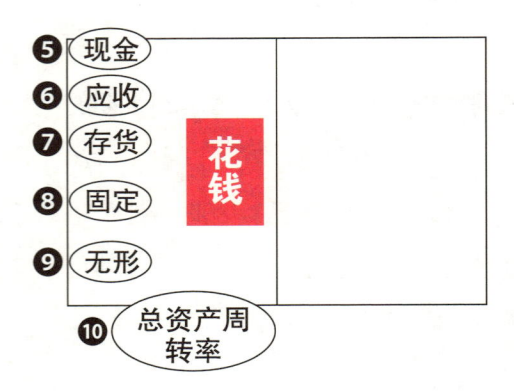

通常ROE＞20%就很厉害，但要留意财务杠杆是否过高的问题。

图4-2 财务杠杆操作可能存在的危机

如果公司的资产类科目太多，表示公司可能在操作一些买卖。

图4-3 资产类别说明

听过的科目都冒了出来，代表这家公司可能没有专注本业，恐怕在搞诸如操作股票之类的非本业事情。

钱收到了叫现金，钱还没收到叫应收账款，也总会有些存货等着卖出去。现金与约当现金、应收账款、存货（图4-3的❺❻❼）应该要占大部分，这才是一家健康的公司所该呈现的资产负债表。

现金与资产 绝对是现金重要

现金非常重要，因为家里有粮，心里不慌。什么叫"现金为王"？就是我满手现金，不管什么时候都可以买下我想要的任何资产。反过来看，我满手资产，却不一定能够即时换成现金活下来。譬如2008年、2009年、2012年、2015年，这几年发生了一些大事件，导致很多公司行号尽管都有很多资产，却没有办法即时换回现金活下来，我们一定要避免这种状况。

这就是"现金为王"的概念，换句话说，现金很重要。现金最好占总资产25%，最少也要占10%。同理，你一定要帮家里留下6个月的生活费，多的钱再拿来投资。还记得美联储前主席格林斯潘（Alan Greenspan）吗？他说，**用来投资股市的钱，最好5年不要动**，不常用的钱才拿出来投资，不能因为投资而影响你的生活水平。

> 💡 **小提醒**
>
> **现金与约当现金**：最好占总资产25%，最少要有10%（有粮心不慌）。

为什么是5年？因为金融行为学实证研究发现，发展中国家需要1.5~3年才能恢复理性；发达国家（如美国）大致是6~12个月的时间。所以5年不动的标准非常合理，你真正有多的钱再用来投资。很多同学问我，利用房贷取得的20年期虚拟现金，可不可以拿出来投资？**现在**不行、不行、不行，重要的话说三遍，我一开始就不断提醒大家了。

应收账款要越快收越好

现金谈完，我们来谈"应收账款"。货物交给客户之后，不见得马上收现金，所以会有应该要收回来的款项，这就是应收账款。应收账款要及时收回，那么多久才算"及时收回"呢？

在台湾做B2B的销售，应收账款大概是月结90天，我们可以拿这个天数与业界来比较一下。假如业界标准如此，而台积电却只要40多天就收回来，鸿海则要70多天，那就代表这两家公司比别人厉害，研发强、业务强，各方面都强。

反过来说，如果业界标准是月结90天，某公司实际上却是160天、180天才收到钱，那么这家公司恐怕是产品逊、业务逊、整个体制逊，没人想跟它做生意，才会需要靠比较宽松的付款条件来求到一些订单。因此从应收账款的收现天数，可以看出一家公司在业界的经营状况。

> 💡 **小提醒**
>
> **应收账款**：要即时收款，不要比业界慢，比较慢＝比较逊。

另外，如果应收账款的收现天数小于或等于14天，代表它是收现金的行业。为什么是14天？因为信用卡是每7~14天结算一次。收现金的公司如7-11、沃尔玛、好市多、医疗（因为健保集点），以及一些消费性的公司或是餐厅等，它们的交易对象主要是消费大众，通常是现金交易，应收账款收现天数应该要小于或等于14天。

存货在库时间过长就要注意

接着我们来看存货。存货分成三种，即原材料、半成品、成品。三种存货都非常重要，因为你要把它想象成"现金的化身"，存货就是现金。如果你的存货都离不开仓库，那就很惨了，所以也延伸出"存货在库天数"这个概念。

每个行业都有它的销售特性，如快时尚行业的优衣库、Zara，就是因为货物会很快销售出去才会被叫作快时尚，它们的存货在库天数是30~40天。那怎样才算"热销"呢？例如，苹果手机7~10天就卖掉了，这就叫作热销。至于工业类的产品通常是100多天，而酒就更久了，1000～2000天才卖掉也算合理。

因此，你看一家公司的存货在库天数，大概就能知道它是什么行业，记得要与行业的特性相符。如果行业平均在库天数是100天，而某公司只要40天，就代表该公司的产品很畅销，产品竞争力比其他竞争者强。

存货在库天数越长，代表存货在仓库里面"睡觉"的时间越长。还记得存货是"现金的化身"吗？你的存货在库天数越长，你所需要准备的现金就要越多，所以要很小心。

> 💡 **小提醒**
>
> **存货**：该清仓就应低价换现金，存货＝现金。

应收的天数加上存货的天数，这个就叫作"做生意的完整周期"。它的意思很简单，就是我做生意，进货之后总要放在仓库里几天，然后中间或者之后付钱给供应商，同时我要把存货卖给客户并且收到钱。从货进到仓库，一直到货卖出去、收到钱，这一个完整的做生意流程，刚好就是"存货的在库天数"加上"应收账款的天数"，这就是做生意的完整周期。

这个周期越短，如你可能四五十天就做完一趟生意，代表你可以启动价格战、补贴、做促销价。如7-11、沃尔玛、好市多、全联，这些公司做生意的完整周期（存货的在库天数＋应收账款的天数）平均约50天，而付钱给供应商又常是60～90天，所以它们不用准备钱就可以做生意了，这是很不错的商业模式。

如果做生意的完整周期大于200天，即你200天才做

做生意的完整周期 ＝ 存货在库的天数 ＋ 应收账款的天数

若 > 200天 → 毛利率不能低！ 现金要够！

做生意的完整周期越短，表示越可以启动价格战或做促销。

图4-4 做生意周期之商业模式提醒

一趟生意、200天才吃到"一顿饭",那你的毛利率一定要高(图4-4)。如果做生意完整周期这么长,你立刻要想到:第一,家里必须有存粮;第二,毛利率不能下降。否则两三百天才做一趟生意,家中没有现金,毛利率又低,这家公司实在太难了,相当不建议投资,这是在反市场操作,非常危险。

固定资产太多反而是在烧钱

首先,固定资产不要买太多,因为没有用到的固定资产太多,反而会让公司烧钱,闲置的资产根本不是有效的资产。资产的意义是什么?是用来创造收入,带来现金流。不管资产是有形或无形的,既然花了钱买进来,就应该创造收入,最终帮公司带来现金流,然后再进入公司的资产负债表,形成一个良性的循环(图4-5);如果做不到,那就不是好的资产。

> **小提醒**
> **商誉或无形资产**:无用的或低价的就打掉,不要留着自嗨。

其次,你投资一家公司时,一定要注意它的无形资产。基本上无形资产是没有用的,只是放在报表里的一个科目,如商誉,原来值50元的东西,你花500元买,等于多花450元,换到公司层级可能就多花450亿元了,说白了就是买贵了,所以商誉=买贵的金额=无用。

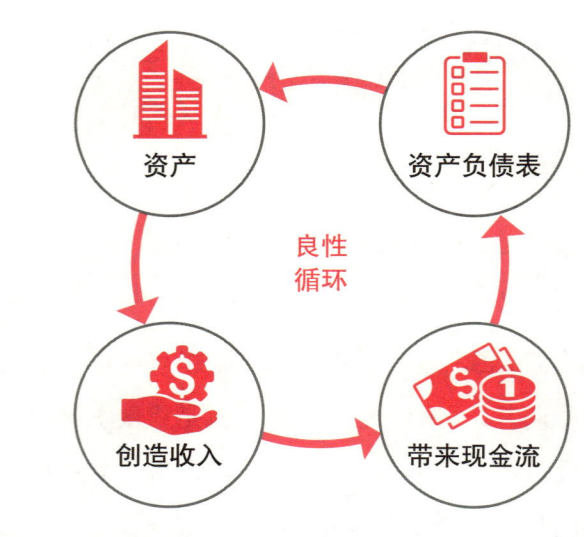

好的资产应该创造收入并带来现金流。

图4-5 资产良性循环概念

总资产周转率大于 1 比较好

公司的资产那么多，不管是应收账款、存货、固定资产……最重要的是要帮公司做生意，生意做得越多越好。所以我们只要看"总资产周转率"这个指标，快一点比较好，虽然比较累，比如沃尔玛、好市多、7-11、全联属于货畅其流的流通业，总资产周转率都是2~3，非常厉害。

那么，如果总资产周转率小于1呢？这代表这家公司在烧钱。要有钱可烧，可想而知家里一定要有钱；如果没钱也行得通，家里每天做生意的时候都要收现金。比如你去娱乐业这种烧钱的场所玩，而身上只带了500元现金，这样真的很容易出事！为了避免出事，你身上就要携带很多钱（假设不能使用信用卡）。公司经营的好坏，其实可以这样用生活常识来推导。

> **💡 小提醒**
>
> **总资产周转率**：>1比较好；>2通常指运营效率高，工作又忙又快；<1代表烧钱或是奢侈品等。

检视经营能力与财务结构重要依据

总的来说，资产负债表可以让我们看出公司的"经营能力"好不好，以及"财务结构"是否健康。商品要定低价还是高价，要看行业的做生意完整周期，周期越长，如大于200天才做一趟生意，毛利率就要越高，而且家里还要有现金，所以现金非常重要。

现金可以帮公司度过寒冬，可以帮创业家跨过创业的死亡之谷，逃脱2.5年死一次、7年死一次的命运。金融市场有个五字魔咒，叫作"这次不一样"。事实上，每次都一样，做生意就是要保本求利，如果不能赚钱（看损益表），家里就必须准备很多钱（看资产负债表）来撑过寒冬。

另一个经营重点则是避免"短债长投"，拿"短期的负债"去支应"长期的投资"是错误的。正确的做法是要互相对应，短对短，长对长；短期资金来源要用于短期投资，长期资金来源就要用于长期投资。

资产负债表还可以告诉你，公司有没有"高品质的资产"。品质好的厉害公司，科目会很简单，大约只有现金与约当现金、应收账款、存货，再加上一些固定资产，这样就是很健康的公司资产。负债方面，我们要注意有没有被低估的负债，是否有未知的隐形负债，有没有在报表外面的股东往来……用这些标准，我们就可以知道一家公司的资产负债表的品质及公司的经营能力好不好。

> **小提醒**
>
> **资产负债表的终极目标**：高品质的资产与没有被低估或表外的负债与股东往来。

最后，我们结合第3堂课"损益表"来做复习。"资产负债表"这堂课的重点，在于"现金为王"、看出公司的财务结构合不合理、经营能力好不好；"损益表"的重点，在于这是不是一门好生意、公司有没有长期稳定获利能力。现在我们把两张报表并在一起，用生活常识来看看下面这几家公司。

即使在2009年金融海啸的时候，好市多股价也还有50美元，因为它的经营能力特别强——为什么？

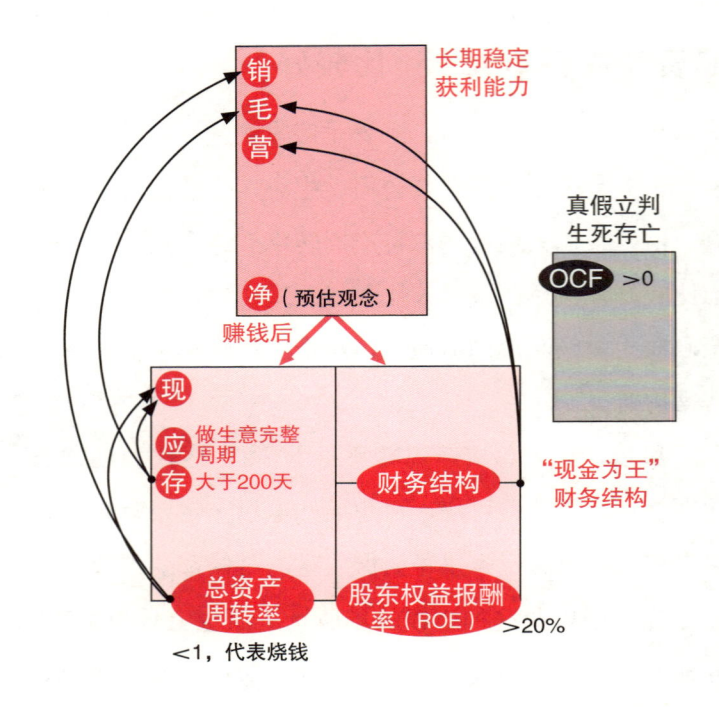

图4-6　财务报表3D观念

因为好市多是高频消费、刚需、收现金的企业。沃尔玛的股价从1999年起都保持在50美元，也没有明显受到金融海啸影响，虽然难免会有一些波动，但长远来看都是上涨的。星巴克股价最惨的时候是2009年，只有4.7美元左右，现在涨到85美元。为什么它的股价2009

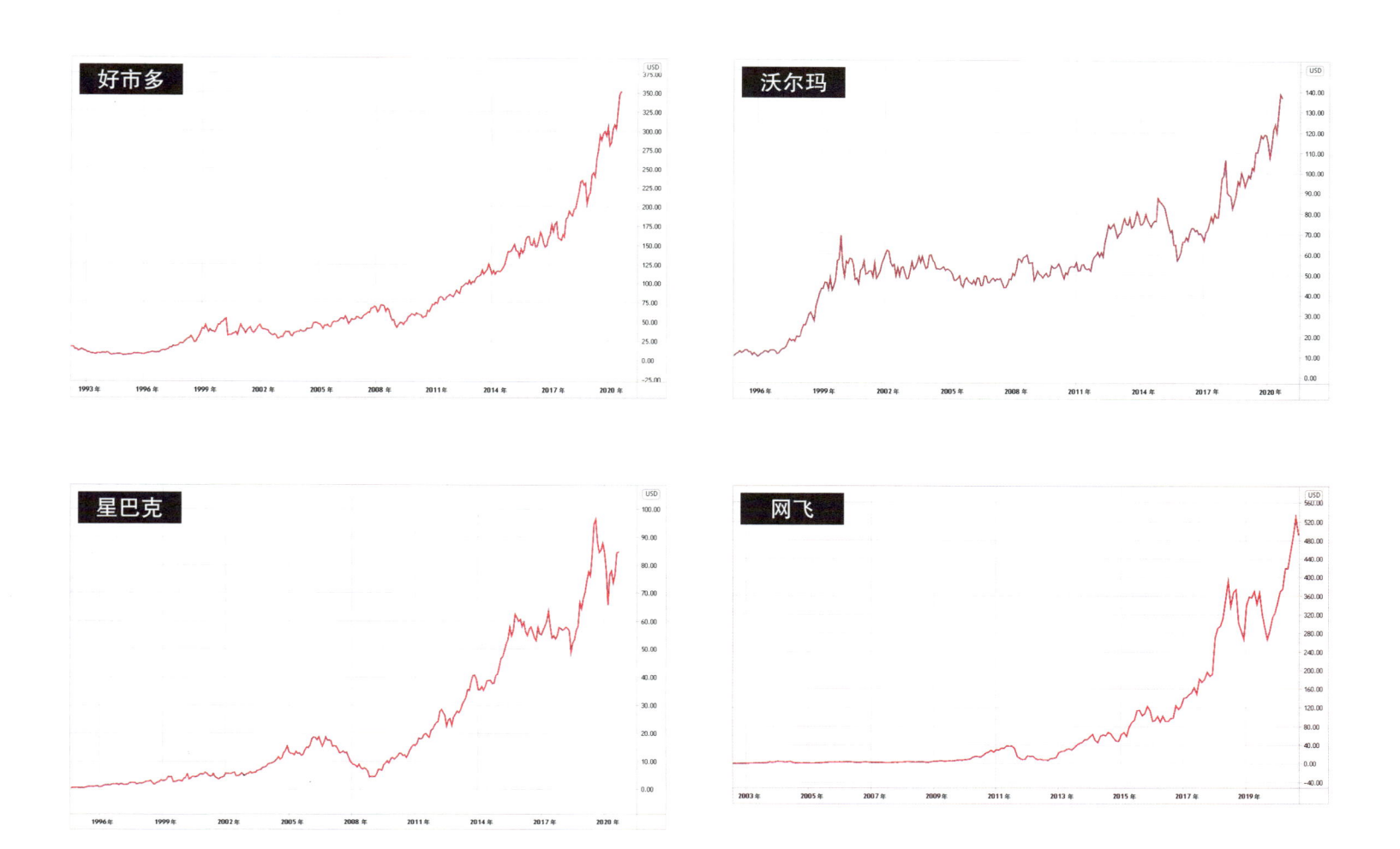

图4-7 指标公司美股走势

年时会跌这么狠？请你想一想。网飞也是一样，股价波动很大，动不动就是250美元或400美元。

　　还记得之前问过大家，有没有一种行业，不管景气好坏，其表现都能直线缓步上升？有的，关键在于"刚需"，非你不可，天天要用到，如民以食为先，好市多如此，沃尔玛也一样。星巴克则是急跌，剩下4美元多又升到50多美元，11倍的增长；网飞则是下降、上升反反复复（图4-7）。到这里希望大家可以知道，**看到财务报表之后，要记住用"行业知识"搭配"生活常识"来思考。**

　　希望这堂课能帮你看懂资产负债表，告诉你公司的经营能力强或弱，能够对你在判断投资时有些帮助。

遇到任何重大影响的时候，公司只有五种情况：

1	状况不好就一路下跌，甚至消失	↘
2	持平	→
3	稳稳地缓步上升	↗
4	急跌，如果能活下来、景气反转，会出现"V"形反转	✓
5	遇到利多会急升，然后待特殊状况（例如，疫情致导需求高涨）结束之后，又回到原点	∧

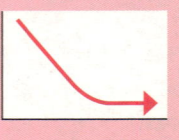

第4课　从资产负债表了解公司经营能力

重点8	重点1	重点2
重点7	**资产负债表** 拥有什么？ 欠人什么？ 股东状况？ 经营能力？ 有无假账？ 现金为王？ 财务结构？	重点3
重点6	重点5	重点4

53

第5课　从现金流量表了解公司存活能力

用现金流量表，看公司有三长、如何比气长

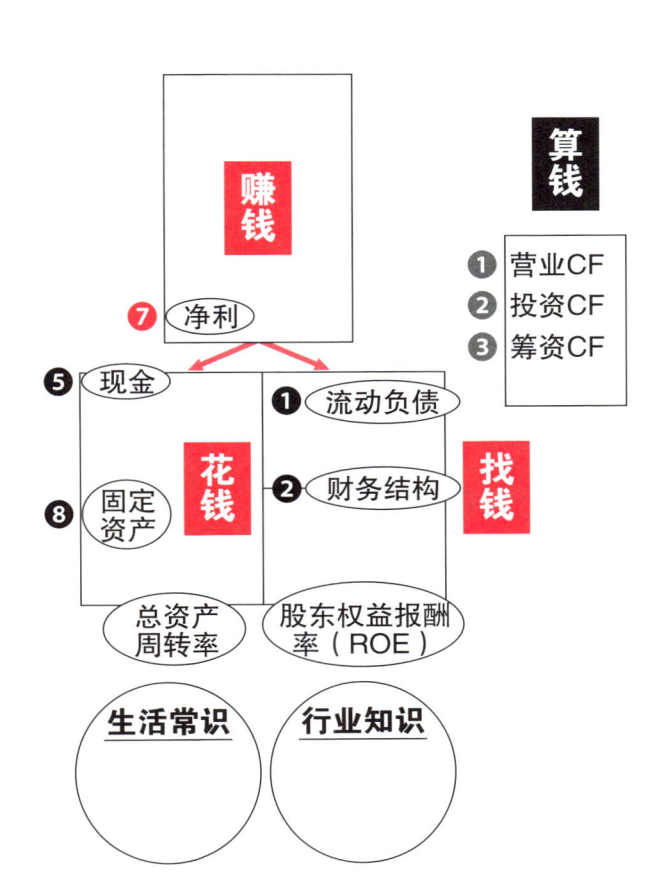

怎么样才算是赚了足够的钱，让公司能持续存活？

❶ 营业CF＞净利❼（有扣除折旧与分期摊销，所以比较小）

　营业CF＞流动负债❶（才不怕被人催款，家有粮心不慌）

　营业CF＞固定资产❽（赚的钱可以自给自足且投资自己）

　营业CF＞所需的投资金额+给股东的分红（❷＋❸）

　营业CF＞要能持续稳定最好

❷ 投资CF：要量力而行，不能赚100元投200元。
　　　　　茅台赚100元投5元／大立光赚100元投15元
　　　　　谷歌赚100元投85元／台积电赚100元投60元

❸ 筹资CF：不能借过头！
　　　　　借钱过头，可以增加现金❺，但会恶化财务结构❷
　　　　　奖金不能发过头！

这张报表的终极目标：
具备稳定的现金流量，才能度过景气的春夏秋冬

【左侧图示】

算钱
❶ 营业CF
❷ 投资CF
❸ 筹资CF

赚钱　❼ 净利

花钱：❺ 现金　❽ 固定资产

找钱：❶ 流动负债　❷ 财务结构

总资产周转率　股东权益报酬率（ROE）

生活常识　行业知识

第5堂课我们来看"现金流量表"。前两堂课,"损益表",主要是看这是不是一门好生意,以及有没有长期稳定的获利能力;"资产负债表"告诉你公司的资产、负债、股东权益状况,看的是经营能力。

损益表是推估的概念。而现金流量表,指的是真的钱流进或流出公司。

整体来讲,现金流量表分为三大类(图5-1)。

现金流量表 三个必备概念

现在来看第三张报表,叫"现金流量表",主要教我们了解公司气长不长。

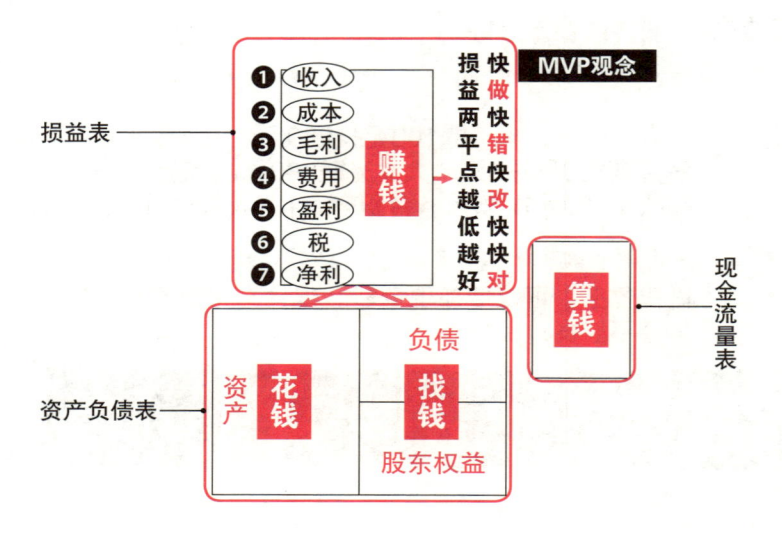

图5-1 现金流量表三大概念

第一类:营业活动现金流量

损益表是一个推估的概念,所以要将损益表里的净利、折旧费用、分期摊销费用加回到现金流量表。为什么要加回去呢?概念很简单,如我们买了1台1000万元的机器,可以使用5年,我们用5年折旧,平均1年的折旧费用为200万元。

这200万元折旧费用就是我们的"食、衣、住、行、育、乐"的费用之一，而对应公司的专业说法是销、管、研、折旧费用、分期摊销费用。这笔钱每年、每月都要摊进来，所以折旧费用要扣200万元。而这200万元其实在买设备的时候就已经花掉了，并没有真正的钱流出去，所以在现金流量表中，我们要再把它加回去。知道这个概念就可以。

简单来说，现金流量表有三大类，营业活动现金流量就是把整张损益表，尤其是净利先抓进来，再加上不是现金支付的科目，如折旧费用、分期摊销费用……再加回到现金流量表，这是很重要的概念。

换句话说，营业活动现金流量就是扎扎实实代表公司赚钱的能力。比如，如果营业活动现金流量"加20亿元"代表什么意思？代表去年扎扎实实透过损益表，让公司流入现金20亿元。如果换成"负6亿元"呢？则代表公司亏了6亿元白花花的现金。

那么，真正赚钱的公司有什么特色？首先是：营业活动现金流量大于0。

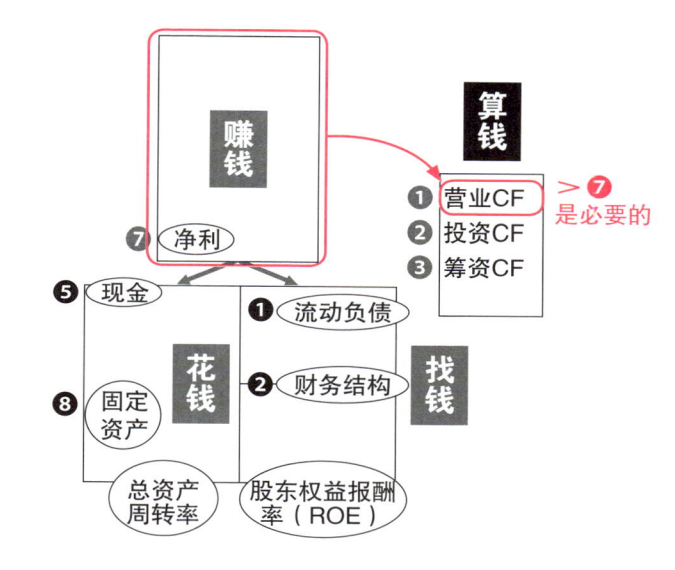

真正靠本事赚钱的能力体现于营业活动现金流量。

图5-2　营业活动现金流量

第二类：投资活动现金流量

之前提到的资产负债表左边是资产，它是当天余额的概念，当天余额是什么意思？就是存量的意思。

因此必须把今年的状况跟去年作比较，看钱多了还是少了。如果钱变多，就"加"到现金流量表里——叫作投资活动现金流量；整体是减少的话则为负。例如，投资活动现金流量"加11亿元"，代表什么意思？其实就是卖掉一些资产换成现金11亿元。

如果投资活动现金流量是负5亿元呢？则代表公司可能买入资产，现金流出去。买资产是好的现象，因为好的公司应该持续投资本业，如需要机械设备等。

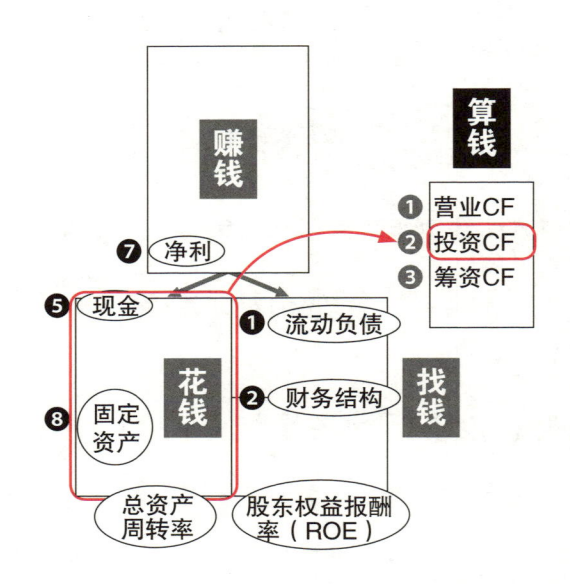

所以，专注本业的公司，投资活动现金流量小于0会比较好。

第三类：筹资活动现金流量

筹资活动是什么？先看资金是通过外部资金（负债）进来，还是通过内部的股东进来。只要现金流进来就叫"加"，现金流出去就叫"减"。

举例来说，筹资活动现金流量跟去年比较增加8亿元，代表公司可能是负债增加8亿元或股东投入增加8亿元，或者是发行公司债增加8亿元，或是这三种动作同时进行，共增加了8亿元现金流入公司。

换句话说，如果现金流量减7亿元，则表示去年公司的筹资活动现金流量流出了7亿元。流到哪里？可能是还款、赎回公司债、分红、减资等。

告诉大家一件很简单的事情，就是现金流量表——钱流进来叫"加"，钱流出去叫"减"。

投资活动现金流量可以把资产负债表的科目跟去年比较，看钱是增加还是减少。

图5-3　投资活动现金流量

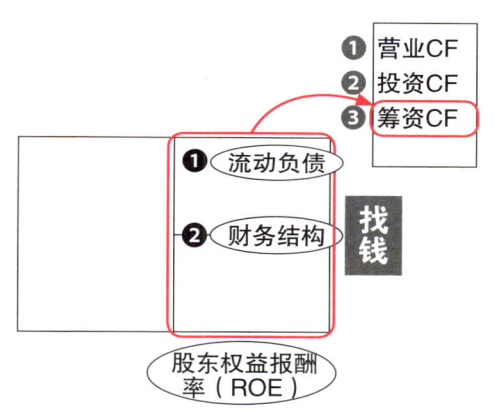

第 5 课　从现金流量表了解公司存活能力

筹资活动现金流量，要把资产负债表的科目跟去年比较，看钱增加还是减少。

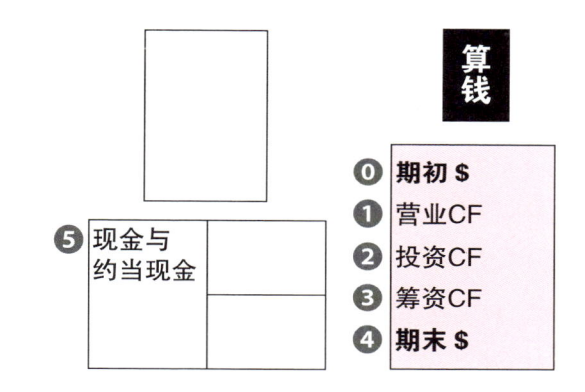

期初的现金加上营业活动现金＋投资活动现金＋筹资活动现金就等于期末现金，再去对照资产负债表的科目，环环相扣。（❶+❶+❷+❸=❹=❺）

图5-4　筹资活动现金流量

图5-5　现金流量对照

有了以上这些概念之后，就会发现期初的现金＋营业活动现金＋投资活动现金＋筹资活动现金等于期末现金。期末的现金又等于资产负债表内的现金跟约当现金（❹=❺），三张报表环环相扣（图5-5）。

真的假不了，假的真不了！巴菲特建议大家看财报要看5年就是这个意思！了解这个概念后，我们就知道，看"现金流量表"最主要是看这家公司气长不长。

公司继续存活的关键

我们接下来看几件事，怎么样代表公司赚钱？怎么样才知道公司能否继续存活？

首先，在营业活动现金流量部分，公司赚了钱，现金流进来一定要比净利高，这就是所谓的获利含金量。什么是"获利含金量"？就是经营性现金流（OCF）÷净利要≥100%。

59

其次，我们赚来的钱（营业活动现金），一定要能覆盖对外的负债。例如，赚100亿元短期负债是60亿元还可以。但如果赚100亿元，短期对外负债是900亿元，不就糟大了吗？假如人家叫你还他钱，马上要还900亿元，你还得出来吗？所以很危险。

再次，就是公司的营业活动现金流量一定要能支应未来投资所需。如果扎扎实实一年赚了80亿元，再去投30亿元、50亿元可以，但能够再投800亿元吗？当然不行！一年好不容易赚了80亿元，再投10倍、10年下去，能够在未来三五年看到收益吗？很难。所以不要赚100元投1000元，这是很危险的！一定要留一些现金。

最后，就是营业活动现金流量赚的钱，一定要能够支付投资金额与股东分红。就是前面提到，好不容易赚了100亿元，而这100亿元就兵分两路，要么投在未来的生意上（资本支出），要么就是分红给股东或留着在未来使用（保留盈余）。

至于营业活动现金流量能够持续稳定是最好的，这非常重要。好的公司营业活动现金流量——有赚钱，一定要大于0，而且要持续稳定！

小提醒

营业CF＞净利（有扣除折旧与分期摊销，所以比较小）。
营业CF＞流动负债（才不怕被人催款，家有粮心不慌）。
营业CF＞固定资产（赚的钱可以自给自足且投资自己）。
营业CF＞所需的投资金额+给股东的分红。
营业CF＞要能持续稳定最好。

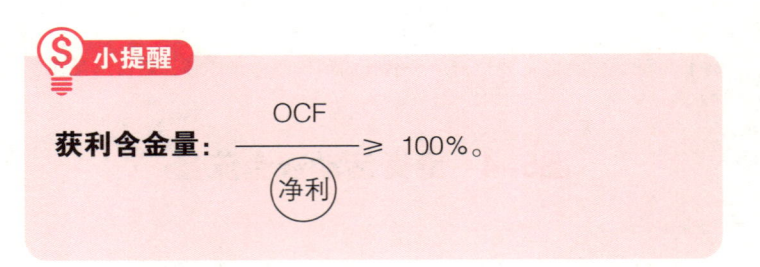

小提醒

获利含金量：$\dfrac{\text{OCF}}{\text{净利}} \geq 100\%$。

投资活动现金不可赚少投多

再来看投资活动现金流量，看看资产负债表的科目和去年比较，钱是多了还是少了。一定要量力而行。在前面提到，好的公司投资活动现金流量应该要小于0，要持续投资本业。因为机械设备等都是持续创造收入的来源，除非买卖业或者互联网行业，不然一般的实体经济、实体产业必须有一些机器生产设备等。

特别提醒，投资活动现金流量部分，绝对不能赚100元投资200元，这样是会出状况的，像早期的DRAM（动态随机存取存储器）、Panel（仪表盘）、太阳能、LED等，一次投得太多，而未来又不可期。一旦有风吹草动，整个产业就会变四大、五大、六大惨业，很惨！

有的产业很厉害，提供给大家参考，如茅台赚100元只投5%；大立光赚100元投15%；谷歌赚100元投85%；台积电赚100元投60%。

换句话说，我们的年获利如果是100万元，正常投资应该要低于50万元才对，千万不能赚100万元，还跟人家借100万元，拿200万元去投资股市，那就死定了。

为什么？思考一下，赚100万元、扣掉开销50万元，才赚50万元。假设都收现金，所以营业活动现金流量50万元，但因为又借了100万元，从财务结构来看是负债，财务杠杆就很差。然后若又把这借来的100万元加上账面上的获利100万元全部投入股市，万一股市狂跌，财务结构这么差，银行一抽银根不就死掉了吗？所以千万不要逆天而行！

当你弄懂了公司的财务报表，可以回来看你个人的财务报表。

> **小提醒**
>
> 投资CF：要量力而行，不能赚100元投200元。
> 茅台赚100元投5元／大立光赚100元投15元。
> 谷歌赚100元投85元／台积电赚100元投60元。

筹资活动财务杠杆不可操作过头

再来看筹资活动现金流量，筹资活动现金流量科目跟去年比较一下，是钱多还是钱少？钱流进来变多就叫作"加"，钱变少就是"减"。

筹资活动有一个要注意的状况，就是不要借过头。借过头，财务结构的棒子又跑到很下面，这样就变得和金融业一样，负债很多，很危险！

> **小提醒**
>
> 筹资CF：不能借过头！
> 借钱过头，可以增加现金，但会恶化财务结构。
> 奖金不能发过头！

借钱会让现金增加，但会恶化财务结构，这样做的好处是会让股东回报率（ROE）变高，这就是财务操作。金融市场上有所谓的"富人魔咒"：靠运气赚来的钱，最后靠实力亏光。就是因为运气好，让人误以为自己实力强，信心爆棚，大量杠杆，放大投资，以为会大赚，最后却破产了。无论是人生、家庭或事业的经营，都要记得避免这种"富人魔咒"。

好的财务人员应该要当公司的刹车。公司创业很危险，不能急进，要布局未来5年至10年，财务长的立场是要帮公司守住，气要长。不管是家里的财务长，还是个人人生的财务长，一定要考虑攻／守双向，个人一定要积极冲，但也要有人（财务长）帮公司守住。

现金流量表的终极目标就是要有稳定的现金流，这样才能够度过不景气的年头

课后作业

请在以下九宫格里面，写下心得，将学到的东西写下来。将这些知识巩固好，接下来就会不断运用到你沉淀出的一些知识点，希望对大家有帮助。

第5课　从现金流量表了解公司存活能力

重点8	重点1	重点2
重点7	**现金流量表** 营业活动CF 投资活动CF 筹资活动CF 是否投太多？ 是否分太多？ 是否融太多？ 是否有"富人魔咒"？	重点3
重点6	重点5	重点4

63

第6课　从三大报表了解公司的真实价值

万物皆有价，现金流、利率、价值的交互关系

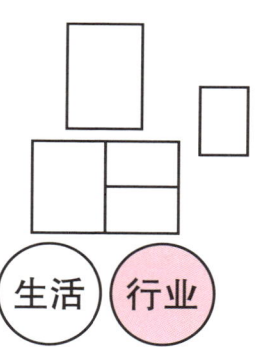

#Q1：股价的走势，与公司营业活动现金流走势是一致的。Why？

#Q2：一般情况下，央行降准降息，股价就会上涨。Why？

#Q3：利率下降，债券价格就会上升。Why？

A 有一家公司，每年固定配股配息2元，请问这家公司值多少钱？

B 有一栋房子，如果每月都可以确定收租3万元，请问要花多少钱买这栋房子？

C 您有家公司，每年稳稳可以赚2亿元。现有人出价收购，应出多少？

D 这个方法，适用可估算OCF的公司：银行/台湾中华电信/台湾中油/台电/瓦斯……
提问：还有哪些公司适用？

生活　行业

PV（Present Value）：现值，即某样资产现在值多少钱
假设这个资产每年都会产生固定的CF

Y_1　Y_2　Y_3 ……　Y_n
CF　CF　CF　　　CF
100万元　100万元　100万元　　100万元

现在的100万元比较值钱。所以，未来的钱要打折。

r＝rate
→贴现率（or 通货膨胀率 or 机会成本 or 资金成本等）

❶　$PV = \dfrac{CF}{(1+r)} + \dfrac{CF}{(1+r)^2} + \dfrac{CF}{(1+r)^3} + \ldots + \dfrac{CF}{(1+r)^n}$　　(1+r)

(1+r)

❷　$PV + rPV = CF + \dfrac{CF}{(1+r)} + \dfrac{CF}{(1+r)^2} + \ldots + \dfrac{CF}{(1+r)^{n-1}}$

万物皆有价

$PV = \dfrac{CF}{r}$

CF↑，Price↑

r（利率）↓，Price↑

股价 ≈ $\dfrac{OCF}{r}$

vs.

$E = MC^2$

学完了基本的财务报表，第6堂课来跟大家聊聊，如何评估一家公司的价值。任何东西都有价格，这叫万物皆有价。

从财务报表＋"两只脚"来看万物皆有价

先帮大家复习一下：首先你已经学到"损益表"——它告诉我们赚不赚钱，这家公司有没有长期稳定获利能力，是不是一门好生意。你也学到"资产负债表"（见图6-1），左边是资产，右上角是负债，右下角是股东权益，它告诉你这家公司是不是以"现金为王"、财务结构稳不稳定、经营能力到底好还是不好等信息。

同时，我们了解到"现金流量表"来自三大类：损益报表把净利加一加，加到现金流量表，叫作"营业活动现金流量"；资产的科目跟去年比较一下，钱多还是钱少，这叫作"投资活动现金流量"；负债与股东权益这边的科目跟去年比较一下，这叫作"筹资活动现金流量"。

三张报表环环相扣，"真的假不了，假的真不了"。所以巴菲特说财报要看5年，因为只要做假一个科目，其他科目就跟着变化，最后报表就会变得很奇怪，马上就会被识破是假的。但是要永远记住财报只占60%；还有生活常识跟行业专业知识各占20%，这样才能看出一家公司真实的价值！

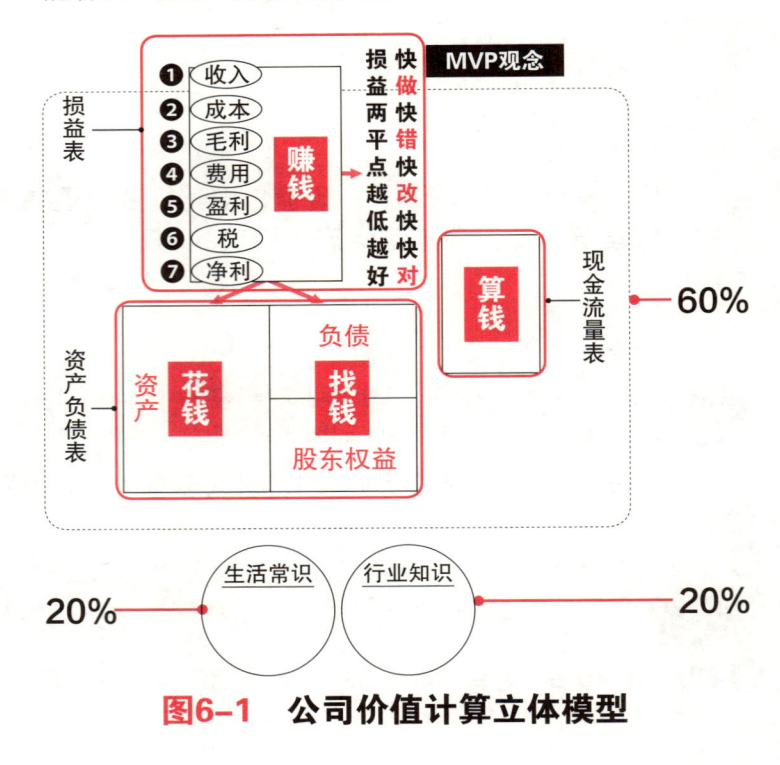

图6-1 公司价值计算立体模型

现值该如何计算？

现在来聊聊行业专业知识，我们在学金融、学财经的时候常常听到以下这些话。

第一，股价的走势好像跟公司营业活动现金流走势一致，为什么？

第二，一般情况下，央行如果"降准、降息"，股价就会上升，为什么？

第三，利率下降的时候，债券价格就会上升，它是一个反向的，为什么？

我们接下来跟大家分享，这些行业专业知识是怎么来的。其实"万物皆有价"很简单，有个东西叫作现值（PV，Present Value），就是指某一个资产现在值多少钱。

假设这个资产每年都给你固定的现金流（Cash Flow），第一年、第二年、第三年，一直到第N年无限大，也就是每年都给你固定的Cash Flow，它到底值多少钱呢？把每年给你的现金流全部加起来，到底值多少

$$PV = \overset{Y_1}{CF} + \overset{Y_2}{CF} + \overset{Y_3}{CF} + \cdots + \overset{Y_n}{CF}$$

图6-2　现值计算公式

钱，就是所谓的现值。

接下来出现一个问题：虽然是一样的现金流，假设每一年都是100万元，请问第N年的100万元、第8年的100万元跟现在的100万元，哪个比较值钱？当然是现在的100万元比较值钱，未来的钱不值钱，所以你必须折回到现在的价值，这就出现一个新东西——"打折率"或者是"贴现率"（rate，简称r）。

贴现率理论上可以想成❶通货膨胀率，或是❷机会成本：投资这个东西本来可以赚5%，为了要投资另外一个地方而放弃这里的机会就称为——机会成本5%，把它算进来，或者像是❸资金成本，像在中国台湾地区的资金成本大概是2%，你也可以用2%来估算。

$$Y_1 \quad Y_2 \quad Y_3 \cdots\cdots \quad Y_n$$
$$CF \quad CF \quad CF \quad CF$$
100万元　100万元　100万元　100万元

现在的100万元比较值钱。所以，未来的钱要打折。

r＝rate
→贴现率（or 通货膨胀率 or 机会成本 or 资金成本等）

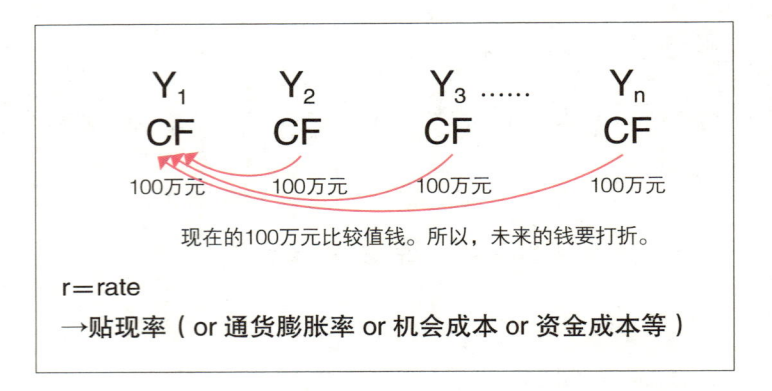

图6-3　贴现率（打折率）概念说明

现在这个资产值多少钱就叫"现值"（PV），就是把每一年的现金流拿下来，要记得打折。怎么打折呢？就是每一年都要打折，打多少？第一年1+r、第二年1+r的二次方、三次方，一直加到n次方。

于是我们看到第❶个公式：PV等于CF除以1+r，加上CF除以1+r的二次方，一直加到CF除以1+r的n次方。

第❶个等式太复杂了，为了简化，我们可以让两边都乘以（1+r），成为第❷个等式。两边乘以（1+r）后，你可以从图6-4看出，左边乘进去就变成PV加上rPV。同理，右边整串也要乘以（1+r），经过计算之后，1+r的n次方就变1+r的n减一次方。

有这样概念之后，我们接下来做一个简单的动作，就是用❷减去❶，最后变成 $rPV = CF - \dfrac{CF}{(1+r)^n}$。其中，当n趋近于无限大，分母就便无限大，所以 $\dfrac{CF}{(1+r)^n} \approx 0$，等式就变成rPV＝CF。然后为了方便阅读，我们把它移项，变成 $PV = \dfrac{CF}{r}$。这就是所谓的万物皆有价。

只要将❷减去❶，便推导出 $PV = \dfrac{CF}{r}$。当一家公司的现金流上升的时候，PV（约等于价格）就跟着上升，这是同步的。相对来说，当银行利息下降的时候，因为是反向的下降，PV（价格）就跟着上升。

于是我们会得到一个观念：利息下降，某个资产的价值就会上升；或是现金流上升，某个资产的价值也会跟着上升。这就是所谓的万物皆有价，$PV = \dfrac{CF}{r}$，也可类推为 $Price = \dfrac{OCF}{r}$。

第6课 从三大报表了解公司的真实价值

$$PV = \frac{CF}{(1+r)} + \frac{CF}{(1+r)^2} + \frac{CF}{(1+r)^3} + \ldots + \frac{CF}{(1+r)^n}$$

❶ $(1+r)$ $PV = \frac{CF}{(1+r)} + \frac{CF}{(1+r)^2} + \frac{CF}{(1+r)^3} + \ldots + \frac{CF}{(1+r)^n}$ $(1+r)$

❷ $PV + rPV = CF + \frac{CF}{(1+r)} + \frac{CF}{(1+r)^2} + \ldots + \frac{CF}{(1+r)^{n-1}}$

❶ $(1+r)$ $PV = \frac{CF}{(1+r)} + \frac{CF}{(1+r)^2} + \frac{CF}{(1+r)^3} + \ldots + \frac{CF}{(1+r)^n}$ $(1+r)$

❷ $PV + rPV = CF + \frac{CF}{(1+r)} + \frac{CF}{(1+r)^2} + \ldots + \frac{CF}{(1+r)^{n-1}}$

❷ − ❶ $CF - \frac{CF}{(1+r)^n}$ ，当 $n \to \infty$ $\frac{CF}{(1+r)^n} \approx 0$

万物皆有价

$PV = \dfrac{CF}{r}$

CF↑，Price↑

r（利率）↓，Price↑

$rPV = CF - \dfrac{CF}{(1+r)^n}$ ，当 $n \to \infty$，$\dfrac{CF}{(1+r)^n} \approx 0$

万物皆有价

$PV = \dfrac{CF}{r}$

CF↑，Price↑

r（利率）↓，Price↑

类推 →

公司的价值

$Price \approx \dfrac{OCF}{r}$

一家公司获利大幅提升

OCF↑，Price也会↑

图6-4　万物皆有价公式推算

贴现率大略估算即可

财经界的人也希望能有如同$E=MC^2$这样干净利落的公式，于是推导出**股价等于营业现金流（OCF）除以r**这样一个概念。但是问题来了：为什么会有误差呢？第一个r要怎么算？到底是算贴现率，还是算通货膨胀率，抑或机会成本、资金成本？公说公有理、婆说婆有理，所以结论是大概估算一下到底值多少钱就可以。

另一个问题是，现金流到底怎么估算？一家公司的经营真的会无限持续吗？其实不会，所以后来才出现股利（Dividend）折现贴现回来。但是股利模型也有问题，每一家公司股利都可预期吗？这也要打个问号。所以最主要的是让大家知道，原来金融界也有所谓的$E=MC^2$，**万物皆有价的概念叫作PV＝CF／r**，知道这个概念就可以了。类推到如何评估一家公司的价值，就是Price≒OCF／r。

请厘清现金流的价值

接下来我们要教大家怎样应用万物皆有价，不管是股价还是万物皆有价的公式，要有一个概念，就是**如果资产无法带来现金流，代表CF＝0，就可能是无价，因为PV＝0／r＝无价或0元。**

无价分两种：一种叫"真无价"，即无价之宝，如，张大千的画能不能马上带来现金流？不行，是0，可是这些画真的是无价。另一种就真的叫0价——0就是指0元不值钱，如，1636年的郁金香，CF等于0；如比特币、虚拟币、兰花等，虽然很稀少，但可能最后统统是不值钱的。

无法带来现金流的资产就是 0 元

这个概念是要让大家知道，金融市场是人在参与，人不理性就会跟风，去炒一些热的议题，因而产生一些价格，但最后又回归到万物皆有价，如果不能带来现金流，事实上是不值钱的。

这种无法带来现金流的新型行业或资产，你想投也可以，请控制部位在15%。15%代表你是在乱投，赔了也不会怎么样，如果它真的涨1万倍、2万倍、3万倍，那恭喜你赚到了。例如各种虚拟货币，如果跌光了也没关系，反正你只有15%的部位。所以记得要做资金部位的配置与风险控管。

现在举几个运用的例子说明

案例一：公司价值评估

如果有一家公司每年固定配股配息2元，并且无期限，你觉得这家公司的股票值多少钱？

这就是PV＝CF/r，Price＝OCF／r。每年都配2元，r可以是机会成本、通货膨胀率或者资金成本，用2%来估就可以了，这样等于值100元（PV＝2／2%）。

这就等于这家公司的股票100元是合理价格。如果用30元、20元买，代表你赚到；如果花300元、400元买，代表你买贵了。这个公式让我们知道一个东西的价值是多少，最起码有个参考基准点。

$$PV = \frac{CF}{r} = \frac{2}{2\%} = 100（元）$$

图6-5 公司价值案例计算（配股配息2元/年）

案例二：购入房产收租评估

假设一栋房子，每个月固定可以带来3万元的租金收入，一年就有36万元，同时会有管理费、房屋修缮维护费等，这样这栋房子每一年可以为你带来多少现金流？

假设是30万元，r可以用贴现率、通货膨胀率、机会成本、资金成本来算，如果什么都没有就用资金成本。现在去银行借钱资金成本大概是2%，那么这栋房子大约值1500万元，如果想要买来收租，1500万元是你应出的最高价格，超过就不划算了。

$$PV = \frac{30万元}{2\%} = 1500万元$$

图6-6 房价购买案例计算（30万元现金流/年）

我有个朋友在2009年金融海啸的时候，巧遇一个回到台湾的南非朋友，这个朋友想卖出他的资产，是中坜的一间办公室，当时市价1000万元新台币，猜猜看我的朋友是多少钱买的？300万元新台币！这是真人真事，跟大家分享，所以还是随时有机会遇见百年一见的投资机会。

案例三：公司并购评估

如果你们有一家公司稳赚2亿元的营业现金流（OCF），现在有人想收购，你觉得你公司值多少钱？一样，万物皆有价，PV等于每一年稳赚的2亿元，资金成本假设是2%，这样就值100亿元，因此可以跟他从这个数字开始谈。

对方可能会说不可能："你不是每年都赚2亿元啊！"那么你可以跟他说，2008年赚钱，2012年也赚钱，2019年还是赚钱，这家公司至少可以赚1.5亿元……然后你用1.5亿元再去除以2%，就知道你可以从75亿元开始谈。

在谈并购的时候价格怎么定并没有定律，只要双方

$$PV = \frac{2亿元}{2\%} = 100亿元 \qquad \frac{1.5亿元}{2\%}$$

（箭头指向 2008年 / 2012年 / 2019年）

图6-7　并购公司市值估算案例（OCF 2亿元/年）

满意就可以成交，金融界没有完整的定价模型，如果有早就请程式设计员写出来，工程师早就致富了。因为金融市场是人的市场，人是不理性的，所以程式是写不出来的。

公式仅适用 OCF 稳健公司

这里告诉大家的方法，适用于估算OCF非常稳的公司。比如银行，因为银行每年就赚很多、很稳，台湾的银行每一年大概可以赚200亿元，假设你用2%计算，就是值1兆元，再除以总股数，就可以大概知道值多少钱。因此，这公式只有在OCF很稳定的公司才适用。

估算台湾中华电信可以用吗？答案是不行。因为现在台湾中华电信主要的收入——电信费用不断地下降，

$$PV = \frac{200亿元}{2\%} \to \frac{10000亿元}{总股数} \to 合理股价$$

图6-8　银行的公司价值试算案例

OCF一直往下走，另外以前发短信就有收入，但现在大家都不发短信，改用聊天软件了。

台湾中油、台电有可能可以，燃气公司就不太行，为什么？这时就要调动"生活常识"来思考，因为现在很少有人固定开火了。

巴菲特在2004年买入中国石油股票，他当时估它值这么多钱——万物皆有价PV＝CF/r。当时中国整个市场很容易估算，大概有多少货车、每天约用多少油？很容易估算总用油量（营收）与获利，然后除以它的股数，就可以知道每股值多少钱。

他花了5亿美元投进去，6年之后拿回来将近40亿美元，增长了8倍，就是万物皆有价的活用例子。

作业时间

接下来请你做一个作业，想想看，在真实的世界里还有哪些公司OCF是很稳定的？请估算它的价值。有人估算出来它值100元，现在股价是20元，买不买？如果手上有5年内都不会用的闲余资金，就可以买一些，因为它明明值100元，而现在市价只有20元。再讲一次，"万物皆有价"仅是观念，你要有合理的参考点，但不是精准的点，因为金融市场＝人性≠科学。

公式是为了了解购买价钱是否合理

要永远记得PV等于现金流除以r——PV＝CF/r，这是一个完美的公式。你不要太在意现金流怎么估算，没有人算得出来，连华尔街那些神童也算不出来。r怎么算都可以，只是让你知道是买贵、便宜还是合理价格。

换句话说，如果哪家OCF走势是这样，那么股价的走势应该是相对应的。如果哪一天看到OCF走势成长，股价却持平（图6-9右），那就很值得大家一起来研究一下这家公司的OCF、获利能力是不是长期稳定，如果是的话那就很棒。

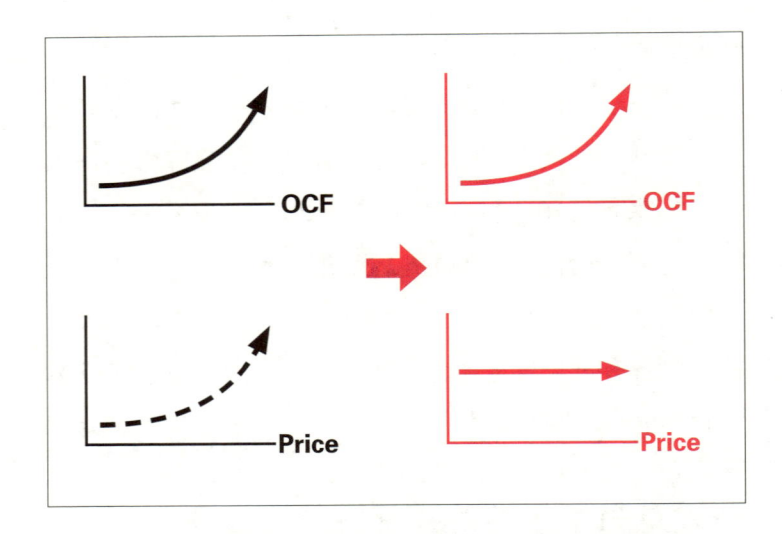

图6-9 值得注意的OCF与股价对照趋势

这也是为什么很多人都想要投资不动产信托（REITs）的原因，因为REITs的租金Cash Flow很容易算，所以这里面就会比较容易创造出长期稳定的状况，也可以估算一家公司、一个产品的价格。

"万物皆有价"，希望这堂课让大家有一些了解，就知道自己在买某个东西时，花的成本值不值，这样你心里就有底了！

第7课 从五大财务比率了解公司整体状态

用财务报表3D概念，快速检验投资判断

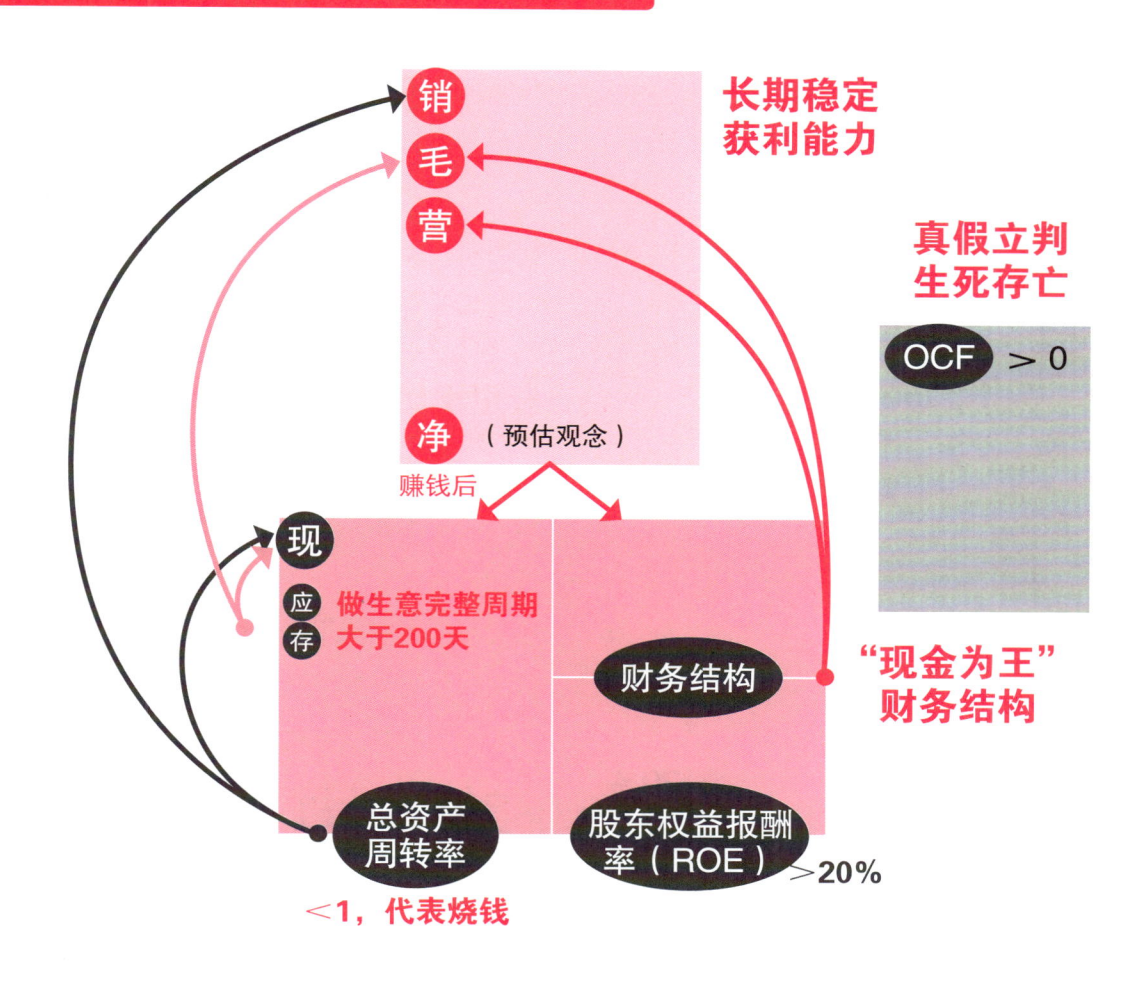

销
毛
营

长期稳定
获利能力

真假立判
生死存亡

OCF > 0

净（预估观念）

赚钱后

现
应
存

做生意完整周期
大于200天

财务结构

"现金为王"
财务结构

总资产周转率

股东权益报酬率（ROE） >20%

<1，代表烧钱

读到现在，我们已经了解了三大报表。赚不赚钱——从损益表、资产负债表、现金流量表来分析。我们现在尝试把三张报表摆在一起看，这样就能看到一家公司的立体模型。

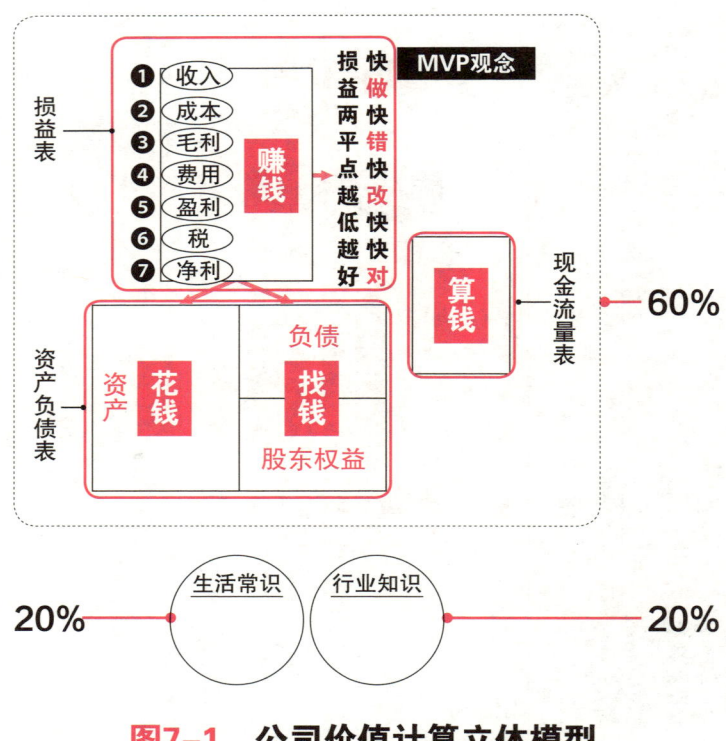

图7-1　公司价值计算立体模型

怎样看是不是一门好生意

损益表能告诉你公司赚不赚钱。再来是记载资产、负债、股东权益的资产负债表，一家公司最重要的资产通常只有三大类，还记得吗？现金与约当现金、应收账款、存货，通常会计科目越单纯，代表这一家公司越专注本业。负债记得要注意一下，因为会影响是否杠杆过大，也要看现金流量表。

费用率建议小于10%

我们将三张报表摆在一起看，看什么？第一看是不是一门好生意（毛利率）。第二看有没有赚钱的真本事（营业利润率），然后看费用率。"毛利率"减"营业利润率"叫作费用率，借此可以知道一家公司在业界的状况。费用率如果在10%上下代表规模很大，如果不但小于10%，甚至只有3%、2%，说明非常厉害。像台湾中钢、鸿海、大联大这些公司的费用率都非常低，或者以前的联强国际集团也是一样，代表规模非常大，也可能是这些公司的毛利率也较低。第三要看净利，永远记

```
①毛利率 → ②营业利润率 → ③净利 → ④销售
① - ② = 费用率
➡ 当费用率 = 10/100  （代表规模大）

  当费用率 < 10/100  （若能降到2%、3%代表很
                      厉害，如台湾中钢、鸿海等）
```

图7-2　损益表重点看

得净利是推估的概念，因为企业赚钱将本求利，净利一定要大于0。第四看销售，也就是规模经济。因此要用①毛利率→②营业利润率→③净利→④销售这样的顺序来看损益表。

股东报酬率要大于20%

接下来我们看股东报酬，从股东立场来看，股东权益报酬率（ROE）应该要大于20%。1965年巴菲特手上只有14.3万美元，每一年只增加20%，一直到2019年的时候，他的身价已经是800亿美元以上，所以20%加上长时间的复利，能让你成为世界排名靠前的富人。

再来看财务结构。一旦公司赚钱，股东通常就会主动想增资扩大经营。这个时候公司的财务结构就会更好。这很妙，暗示股东这家公司既可能是一门好生意，又有赚钱的真本事。

现金至少要有10%

现金也非常重要。现金最好要有多少？最好要有25%，至少要有10%。这里我教大家，你买房的时候记得去银行办20年期的虚拟现金，这个很棒，让你在紧要关头可以做一些事情。

但是再强调一次，现在这些虚拟现金，请你放在银行不要动。目前时机还没有到，除非你能确定保本保利6%以上才可以启动，现在只有3%～4%，所以请你再等一下，股市还是会可能持续往下走，这样比较安全。我的任务是要帮你做风险控管，只有在非常稳的时候才出手，现在应该把资金分成五包，最多只能先投一包，我们在前几堂课程已经跟大家分享过。

做生意周期短一点比较好

应收账款收款速度要快,存货也要卖得快。应收账款的天数和存货的天数,两个相加就叫作生意的完整周期。周期越长,准备现金越多;周期越短,收款越快,货也卖得越快。比如好市多、沃尔玛、7-11、全联、家乐福等就是这样的例子,做生意的完整周期只有50天左右。

如果做生意的完整周期比较长,比如大于200天,就说明动作比较慢。比如房地产、陈年好酒要一两千天,或者是销售奢侈品要三四百天,这样也行,代表动作很慢。但因为200天才做一次生意,所以家里一定要有钱,要不然就是毛利率不能下降。这都是财报另外"两只脚""生活常识""行业专业知识"中的基本观念,请记得复习。

若总资产周转率＜1 银弹要够多

再来就是看公司总资产,一年公司做几趟生意?越多趟越好,这叫作"总资产周转率"。越多趟说明工作越有效率;小于1说明很"优雅"、烧钱、资本密集、奢华行业。烧钱没关系,但资金一定要够,如果你一个月开销100万元但家里没钱,肯定就会出状况!

如果没钱那只能退而求其次——向客户收现金。例如,房子随便一间都要两三千万元,这两三千万元是现金。房地产是资本密集行业,它的钱应该很多,可是钱都用在哪里?答案是房地产公司买了很多存货——土地,而且动不动一放就是5年、10年,所以只能跟我们收现金,这就是商务常识。

最后看现金流量表,重点就是一家公司如果真的赚钱,营业活动现金流量(OCF)就要大于0。

总结一下,三大报表教了你什么?

- **损益表**:有没有长期稳定的获利能力。
- **资产负债表**:教你"现金为王"、财务结构稳健。
- **现金流量表**:教大家真假立判、生死存亡。

五大财务比率分析 实际案例分析说明

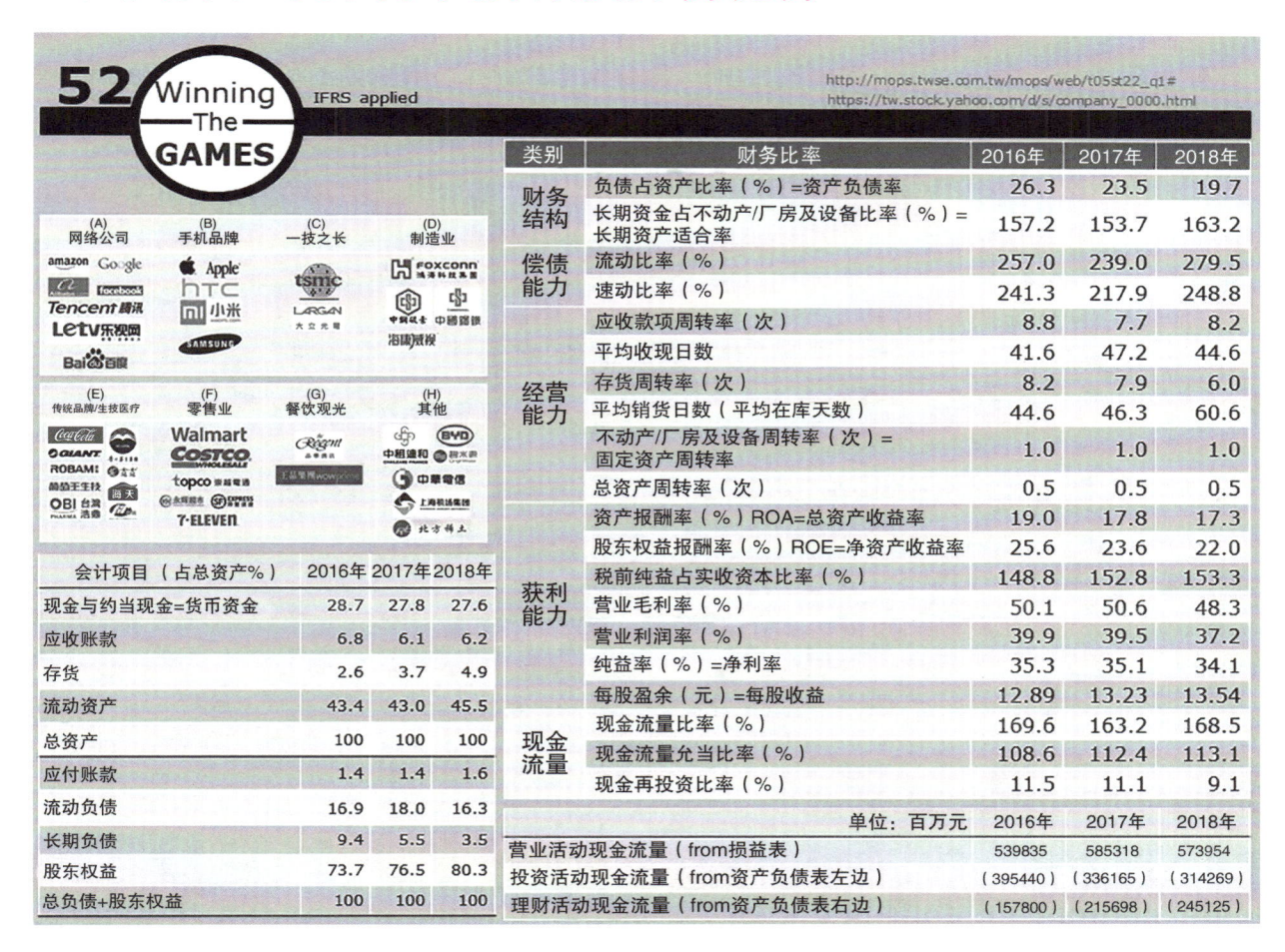

图7-3 台积电案例分析

会计项目（占总资产%）	2016年	2017年	2018年
现金与约当现金=货币资金	28.7	27.8	27.6
应收账款	6.8	6.1	6.2
存货	2.6	3.7	4.9
流动资产	43.4	43.0	45.5
总资产	100	100	100
应付账款	1.4	1.4	1.6
流动负债	16.9	18.0	16.3
长期负债	9.4	5.5	3.5
股东权益	73.7	76.5	80.3
总负债+股东权益	100	100	100

类别	财务比率	2016年	2017年	2018年
财务结构	负债占资产比率（%）=资产负债率	26.3	23.5	19.7
	长期资金占不动产/厂房及设备比率（%）=长期资产适合率	157.2	153.7	163.2
偿债能力	流动比率（%）	257.0	239.0	279.5
	速动比率（%）	241.3	217.9	248.8
经营能力	应收款项周转率（次）	8.8	7.7	8.2
	平均收现日数	41.6	47.2	44.6
	存货周转率（次）	8.2	7.9	6.0
	平均销货日数（平均在库天数）	44.6	46.3	60.6
	不动产/厂房及设备周转率（次）=固定资产周转率	1.0	1.0	1.0
	总资产周转率（次）	0.5	0.5	0.5
获利能力	资产报酬率（%）ROA=总资产收益率	19.0	17.8	17.3
	股东权益报酬率（%）ROE=净资产收益率	25.6	23.6	22.0
	税前纯益占实收资本比率（%）	148.8	152.8	153.3
	营业毛利率（%）	50.1	50.6	48.3
	营业利润率（%）	39.9	39.5	37.2
	纯益率（%）=净利率	35.3	35.1	34.1
	每股盈余（元）=每股收益	12.89	13.23	13.54
现金流量	现金流量比率（%）	169.6	163.2	168.5
	现金流量允当比率（%）	108.6	112.4	113.1
	现金再投资比率（%）	11.5	11.1	9.1

单位：百万元

	2016年	2017年	2018年
营业活动现金流量（from损益表）	539835	585318	573954
投资活动现金流量（from资产负债表左边）	(395440)	(336165)	(314269)
理财活动现金流量（from资产负债表右边）	(157800)	(215698)	(245125)

图7-3 台积电案例分析

当我们谈五大财务比例分析，第一件事就是先来看现金流量。现金流量叫作"比气长，有三长"——切记它的口诀：比气长，有三长。第一，现金流量比率、现金流量的约当比率要大于100%，以及现金再投资比率要大于10%，看一下符合吗？如果符合就很棒（图7-4）。第二，如果不符合，看现金占总资产，如果大于25%，也很棒。

如果前两个都不符合，就要看第三个，是不是收现？通常收现日数若小于15天，就代表是收现金的行业。看台积电的例子，台积电不是收现金交易，是用B2B做生意，B2B在台湾平均月结90天，而台积电44天就收到钱，可以说非常厉害（图7-5）。

类别	财务比率	2016年	2017年	2018年
现金流量	现金流量比率（%）>100%	169.6	163.2	168.5
	现金流量约当比率（%）>100%	108.6	112.4	113.1
	现金再投资比率（%）>10%	11.5	11.1	9.1

会计项目（占总资产%）	2016年	2017年	2018年
现金与约当现金=货币资金 >25%	28.7	27.8	27.6

图7-4　台积电现金流量检视

类别	财务比率	2016年	2017年	2018年
经营能力	应收账款周转率（%）	8.8	7.7	8.2
	平均收现日数 <90	41.6	47.2	44.6
	存货周转率（%）	8.2	7.9	6.0
	平均销货日数（平均在库天数）	44.6	46.3	60.6
	不动产/厂房及设备周转率（次）=固定资产周转率	1.0	1.0	1.0
	总资产周转率（次）	0.5	0.5	0.5

图7-5　台积电收款效益检视

看公司"比气长"整体评分方法

对于台积电的案例，怎么给它评分？MJ提供一个方法给大家：现金流量比率的部分满分是15分、现金与约当现金比率满分是70分、收现日数小于14天的部分满分是15分。

可以看到现金流量比率全部符合条件，拿到15分；现金与约当现金部分大于25%就很棒，也符合所以也拿到满分70分；应收款，因为做B2B的要90天，可是台积电很厉害40多天就收到，所以15分中可以给它10分。这样，马上就可以知道这家公司比气长指数为95分。

比气长指数只要高于70分就非常厉害，所以说台积电这家公司气非常长，对照它的现金达6000多亿元非常不错。

注意做生意周期与收现日数

第二部分我们要看经营能力周转率。一看到经营能力，先把它理解成周转率。先看总资产周转率：它一年帮公司做几趟生意？周转率大于1比较好，如果小于1代表烧钱。手上一定要有钱才能烧钱；如果没钱，就看是不是收现金。即使公司烧钱，但手上有现金，那就没问题。

另外，要看货好不好卖。看看2018年台积电的做生意完整周期（图7-6），其中一个叫存货（平均销货日数）是60天，60天就可以卖掉货非常厉害。再看看它是不是收现金。不是，但可以在40多天收到回款，蛮好的。两个大数相加叫作做生意的完整周期。

做生意的完整周期是几天？用这个例子来说，两个相加105天，记得如果大于200天要看现金多不多，看毛利率有没有下降，这样你就可以看到它经营能力好不好。如果足够好，那就没有问题。

类别	财务比率	2016年	2017年	2018年	
经营能力	应收账款周转率（%）	8.8	7.7	8.2	
	平均收现日数	41.6	47.2	44.6	完整的生意周期105天
	存货周转率（%）	8.2	7.9	6.0	
	平均销货日数（平均在库天数）	44.6	46.3	60.6	
	不动产/厂房及设备周转率（次）=固定资产周转率	1.0	1.0	1.0	
	总资产周转率（次）	0.5	0.5	0.5	<1，在烧钱，但现金占总资产27.6%，所以不错

图7-6 台积电经营能力周转率检查

毛利率、费用率、每股盈余、股东报酬率四大关键要素

接下来看获利能力,先看毛利率好不好。台积电毛利率非常好(图7-7)。再来看有没有赚钱的真本事。把毛利率与利润率两个相减叫作费用率,费用率一减,11%左右代表规模很大,也符合台积电的现况。再看看税后净利有没有赚钱,每股盈余(EPS)有12~13元很棒。至于股东权益报酬率ROE大于20%就算很棒,台积电也符合。

股东出资多 可能是有赚钱的真本事

再来看财务结构,我们先看一下财务结构是什么,之前有提到就是"一个棒子"的概念。2018年台积电负债占多少?居然只占20%左右(图7-8),说明股东出资与保留盈余(之前赚的钱,保留下来不分光)将近80%。股东为什么出那么多钱?暗示这可能既是一门好生意,又有赚钱的真本事。大家想知道公司有没有赚钱能力,就是要把所有东西连在一起看,做综合判断。

类别	财务比率	2016年	2017年	2018年
获利能力	资产报酬率(%)ROA=总资产收益率	19.0	17.8	17.3
	股东权益报酬率(%)ROE=净资产收益率	25.6	23.6	22.0
	税前纯益占实收资本比率(%)	148.8	152.8	153.3
	营业毛利率(%) ①	50.1	50.6	48.3
	营业利润率(%) ②	39.9	39.5	37.2
	纯益率(%)=净利率	35.3	35.1	34.1
	每股盈余(元)=每股收益	12.89	13.23	13.54

费用率 11%

图7-7 台积电经营能力周转率检查

类别	财务比率	2016年	2017年	2018年
财务结构	负债占资产比率(%)=资产负债率	26.3	23.5	19.7
	长期资金占不动产厂房及设备比率(%)=长期资产适合率	157.2	153.7	163.2

图7-8 台积电股东出资状况检查

接下来看偿债能力——"你欠我的，能还吗？"偿债能力表示欠的债务是否有能力偿还，如果能，欠越多越好。以台积电来说（图7-9），比如欠了100亿元有可以还279.5亿元的能力，就很不错。

那什么叫速动比率呢？说白了就是欠钱能马上还的能力。从这些报表，就可以看到一家公司各方面的状况。

类别	财务比率	2016年	2017年	2018年
偿债能力	流动比率（%）	257.0	239.0	279.5
	速动比率（%）	241.3	217.9	248.8

图7-9　台积电偿债能力检视

我们再简单整理一下这些类别的重点检视顺序：

- 第一，现金流量——比气长、有三长。
- 第二，经营能力（周转率）。
- 第三，获利能力——这是不是一门好生意。
- 第四，财务结构——那根棒子。
- 第五，偿债能力——你欠我的，能还吗？

要用股东立场、高格局看公司财务状态

我们看一家公司不能只从金融立场去看，也要站在股东的立场。先看哪里？一是气长不长，二是会不会经营，三是不是一门好生意。如果这三点都很好，那财务结构跟偿债能力就不会有问题。

我们是以股东立场来看，看的顺序会与传统金融界朋友不同，希望对大家有一些帮助，这就是所谓的"五大财务比率分析"。

课后作业

接下来我们看一下课后作业，以上所述希望各位掌握之后，可以把财务思维应用在公司经营或者人生规划上。

第一，思考怎么去创造比气长的能力。第二，思考怎么打造一针顶天的好生意？怎么建立比较好的经营能力和怎么打造比较健全的财务结构；有没有办法建立好的偿债能力；能不能活用五大财务比率分析的概念。

下面我设计一个简单的测试表，可以让你很快速了解自己的状况，包括家庭状况、企业状况等，最重要的是风险管控，即有没有抗压的能力。我在前几堂课都有教大家，接下来就是做胜算大的事。

记得把以下九宫格所学到的东西写下来，把一些没有注意到的观点补进来，希望对大家有帮助。

第7课　从五大财务比率了解公司整体状态

如何做胜算大的事？ （如何创造72%的福袋人生？）	如何创造活更久的 "比气长"能力？	如何打造一针顶天的 "一门好生意"？
如何提高抗压能力？	**MJ财务思维 如何运用在 公司经营与 人生规划上？**	如何培养优异的 经营能力？
如何建立"测试表" 快速了解现况？	如何搭建信用佳的 偿债能力？	如何打造健全的 财务结构？

第8课　个人投资组合设计原则

追求财富绕过坑

事件	标普500最大跌幅
2000年网络泡沫	49%
2009年金融海啸	57%
2020年新冠肺炎疫情	30%

L1：不慌
L2：不惑
L3：不赌
L4：不急

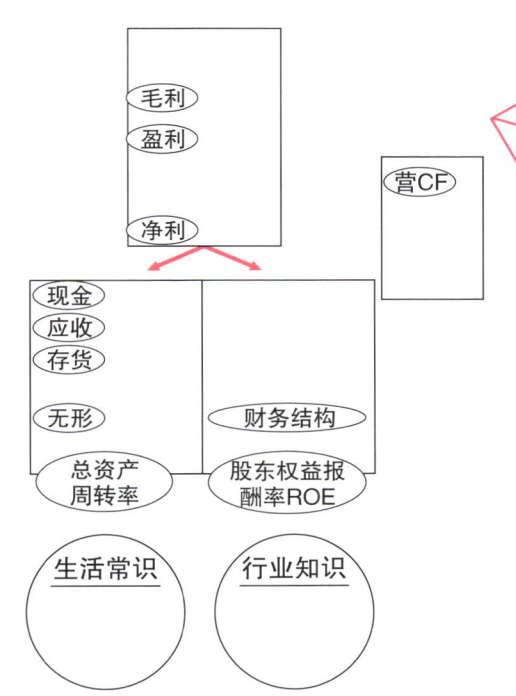

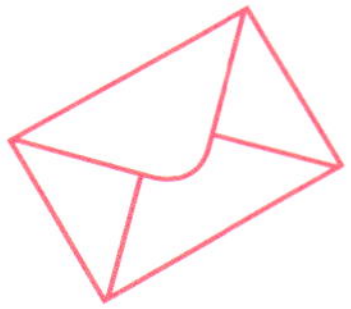

USD $27兆　　$1.2兆 CLO
（2019年底）

2006.2.28
巴菲特亲自写给股东的一封信里说：

不管发生什么事，
伯克希尔·哈撒韦
都不会倒（page.20）

因为：
（1）有高净值
　　（High Net Worth）
（2）有稳定的现金流
　　（Steady earnings stream）
（3）有流动性
　　（High liquidity）

巴菲特的成功投资论

（1）大型股
避开想印钞票的上市上柜新贵（海捞族）
（2）长期稳定的获利能力
毛利、营业利益、净利、OCF>0
（3）高ROE、低负债、低盈再率
帮股东赚钱、度过寒冬、产业可预期
（4）简单的经营模式
这样才看得懂
（5）良好的经营团队
信得过（因为你不是天天和他在一起）
（6）耐心等待
米才会熟

毛利 / 盈利 / 净利

营CF

现金 / 应收 / 存货 / 无形
财务结构
总资产周转率
股东权益报酬率ROE

生活常识　　行业知识

很高兴大家已经读懂财务报表，知道公司赚不赚钱——看损益表、资产负债表、现金流量表。有了这个概念后，我们来教大家怎样"追求财富绕过坑"。如果你投资的公司是一个坑，你经营的事业是一个坑，现在应该考虑一下要不要转行或者把它卖掉或结束营业。

案例一：毛利率50% 费用率150% 是不是一门好生意？

我们来看一下怎样追求财富绕过坑。

我们已经知道通过损益表、资产负债表、现金流量表来看是不是一门好生意、有没有赚钱等，接下来要思考你投资的公司、经营的事业部，是不是一门好生意。

毛利率负 营业利润率负 表示没有赚钱的真本事

如果毛利率是负的，请你考虑转行；如果营业利润率也是负的，代表根本没有赚钱的真本事。

比如我在2012年创立一个美妆社群平台AZBOX（Amazing Box），在全台湾有10万名收费会员，毛利率高达50%，看起来真是一门好生意。

但是我要养B2B、B2C、会员营运平台三组人，费用率高达150%，整个算下来一个月要亏100多万元！4300万元只花了18个月就全部烧光，所以说这根本不是一门好生意，应该当机立断把它砍掉！但当时我不愿面对，又借钱撑了三个月才关停，这就是掉进坑里了。

没现金 负债高 应收账款时间长 都是警示

如果你投资的公司也亏成这样，自己心里应该有数，卖掉才对。如果这家公司刚好没有现金，财务结构又差，基本上是借外面的钱在经营，万一银行抽银根，那就很惨了。

再来看应收账款，200天、300天还收不回来，代表通常是做假账，在外面开子公司不断地塞货，因为一般B2C的应收账款收现金要小于或等于14天；B2B一般是在90天以内。还记得吗？之前提到，台积电40多天、鸿海70多天收款，这才是比较好的状况。

股东回报率为负值 营业现金流量小于 0 千万不要碰

如果存货比例太高，就代表市场没有需求，或是公司的产品发展方向错误，没人愿意付钱买，这种货就会卖不出去，要很小心！无形资产太多也没什么用，因为能够创造现金流才是真正的资产。如果无形资产太多，代表以前做了太多不对的事情并积累下来，总资产周转率特别低，还烧钱。加上股权益报酬报率（ROE）是负的、营业现金流量（OCF）小于0，就代表这家公司从头到尾都没有赚到钱。一定要注意，很多公司营收会非常大、不断地创新高，这时请你看一下OCF是不是大于0、是不是跟着营收一起创新高，因为OCF是很难造假的。

如果OCF小于0，就代表非常差，不符合"生活常识"，也不符合"行业专业知识"，因为根本没有这个需求，没有解决客户的问题，只是跟着风口创造出来的新兴或热门行业，这样的公司请你不要碰。

如果你的公司、投资的公司、经营的事业部也是这样，请你把它关掉，这样才能追求财富绕过坑。你必须绕过坑，如果没有绕过坑，一次就会爆掉，一次就亏光，怎么还有机会做第二次、第三次的投资呢？这很重要。

案例二：伯克希尔公司为什么不会倒？

跟大家分享一下我在2006年的时候，读到的巴菲特写给股东的一封信。他说，不管发生什么事，伯克希尔这家公司都不会倒。

当时我心里想，这位老先生是不是酒或可乐喝太多了？居然说公司不会倒。后来我真正读通财务报表，又创业了许多次，并且在上市公司担任过主管之后才发现，老人家真的太有智慧了。当时他讲了三个理由。

第一，公司有高净值（High Net Worth）

高净值指的就是"财务报表"净值很高，这表示大部分都是股东出的钱，也代表负债率很低。

净值＝我有的－我欠别人的
净值＝资产－负债

第二，有稳定的现金流（Steady earnings stream）

手上有很多赚钱的现金流，代表获利能力真的不错。伯克希尔旗下共有超过100家大型及中型企业，其中中小型企业大部分来自以色列家族，家族企业比较容易传承。

为什么呢？从人性方面来看，家族企业如果连老板都冒进，有可能这一代就全部被灭掉，就没有办法继续兴旺下去。因此家族企业都有一个特色——超保守，所以全世界超过百年的企业，家族企业占最多。

道琼斯500（标准普尔500指数）的公司连续超过100年都还活在世上的只有几十家，原因就在这里。专业经理人通常喜欢赌一把，万一赌错，拍拍屁股自己离开，或是被董事会开除，但是公司有可能就此倒闭，如恩龙企业等。

第三，有流动性（High liquidity）

巴菲特这一句话指的是他手上有很多现金。还记得我们请你现金保留25%以及20年期的虚拟现金吗？伯克希尔都在做这件事情（现金＋保险业的浮存金）。

投资要有的思维与方向

巴菲特讲过一个论调，投资就像煮饭一样。你要找到好的米，要把好的公司、好的股票放在电锅里面，等时间到了，米就熟了。

这里面提到，第一个要诀就是挑大型股。为什么是大型股？从人性思考，要避开刚上市上柜的公司，因为它们会好大喜功，刚成功的人通常都有"大头症"。（我会这么说，是因为我以前也是这种人，哈哈。）

还记得投资分哪三种吗？

第一，可投、不可投、不知道可不可投

新上市的公司通常好大喜功，应该把它们列为"不知道可投不可投"，部位要控制在≥15%，因为要把这些公司当作"乱投"，我们要避免投资太多有"大头

症"的公司。

第二，长期稳定的获利能力

公司有长期稳定的获利能力，代表毛利率不错，有赚钱的真本事，净利也很好，OCF＞0。

第三，高股东权益报酬率（ROE）、低负债、低盈再率

高ROE代表能够帮股东赚钱，低负债才能够度过不景气的寒冬，低盈再率——赚了钱再投资出去的比例——要低一点，产业才可预期。还记得吗？我们讲"四大美女"：茅台赚100亿元只投资5亿元出去、台积电赚100亿元只投60亿元出去、谷歌这么烧钱的公司赚100亿元也只投85亿元……你要控制投资的部位，要很小心。

找经营模式简单的企业，这样才看得懂；找良好的经营团队，这样才信得过。因为我们不是天天跟他在一起，要找信得过的公司，耐心等待，米才会熟。时间会创造复利，多年累积的复利能带给你很多的财富。

1 大型股
避开想印钞票的上市上柜新贵（海捞族）

2 长期稳定的获利能力
毛利、营业利益、净利、OCF＞0

3 高ROE、低负债、低盈再率
帮股东赚钱、度过寒冬、产业可预期

4 简单的经营模式
这样才看得懂

5 良好的经营团队
信得过（因为你不是天天跟他在一起）

6 耐心等待
米才会熟

巴菲特的论调是，投资就像煮饭，要找到好的米，要把好的公司、好的股票放在电锅里面，等时间到了，米就熟了。

图8-1　巴菲特的成功投资论

报表只有60分 不要忘记"两只脚"

你在这里有没有发现：与财务报表有关的，是"长期稳定的获利能力"以及"高股东权益报酬率（ROE）、低负债、低盈再率"；另外四个"大型股""简单的经营模式""良好经营团队""耐心等待"概念，则是源自"生活常识"与"行业专业知识"这"两只脚"。我一直提醒大家，财报只有60分，千万不要只看了财报就下判断，要接地气。

"追求财富绕过坑"还有一个很重要的概念，记得我们在第1堂课教你从金融学的角度让自己"不慌"，一旦了解人的行为，你就不会慌。所以在发生事情的时候，比方股价下跌30%~50%是正常的状况，你不要慌。这里特别调出标普500遇到大事的状况，因为美股熔断7%、13%、20%的基准就来自标普500的指数。

从图8-2可以看到，2000年网络泡沫，最惨的时候跌到49%，2009年金融海啸的时候最惨跌到57%，现在由于新冠肺炎疫情或者石油的问题跌了30%。我特地去查了一下标普在2019年底的时候，它的市值是27兆美元。以27兆美元为基准，下跌30%代表27×0.3，等于

事件	标普500最大跌幅
2000年网络泡沫	49%
2009年金融海啸	57%
2020年新冠肺炎疫情	30%

L1：不慌
L2：不惑
L3：不赌
L4：不急

USD $27兆（2019年底）　　$1.2兆 CLO

发生重大事件股价下跌30%到50%是正常的状况，不要慌。

图8-2　历史上影响标普500大事件

短短两个月不到，美国股市市值消失了8.1兆美元，非常惊人。还记得当年金融海啸对全球造成重创的金额，大约是10兆美元，新冠肺炎疫情在2020年头两个月就带来相近的冲击了。

还有一个很重要的事情，就是《金融时报》（*Financial Time*）提到过，还有一个高达1.2兆美元的未爆弹，就是企业借款的凭证（Collateralized loan obligation, CLO）。等疫情稍微稳定之后，

这个未爆弹就有可能会爆炸。这个"弹"数字蛮大的，是2008年担保债务凭证（Collateralized Debt Obligations, CDO）（当时大概是6000亿美元）的2倍，这才是我担心的危机。

事件发生后 6 个月内都先不要做大动作

我一直提醒大家，6个月之内不要做大动作，除非你手上的持股全部都是坑，那当然要先卖掉换现金活下来。因为记得之前跟大家讲，要做胜算大的事。如果你已投资的公司非常差，那评估它上涨概率大不大？持平的概率如何？下跌概率呢？自己先估算出一个概率，这三种情况相加要等于100%，然后看看你会赚多少钱、持平、亏多少钱，大略知道期望值。如果都是亏损严重，请你把它卖掉。

以上就是教大家"追求财富绕过坑"，下堂课教大家盘点自己的财富状况，你有多少资金和多少银弹。盘点清楚后，你进入市场就不容易吃亏，还可以持续成长获利。

第9课　个人财务健检

稳健守财，降低财务风险

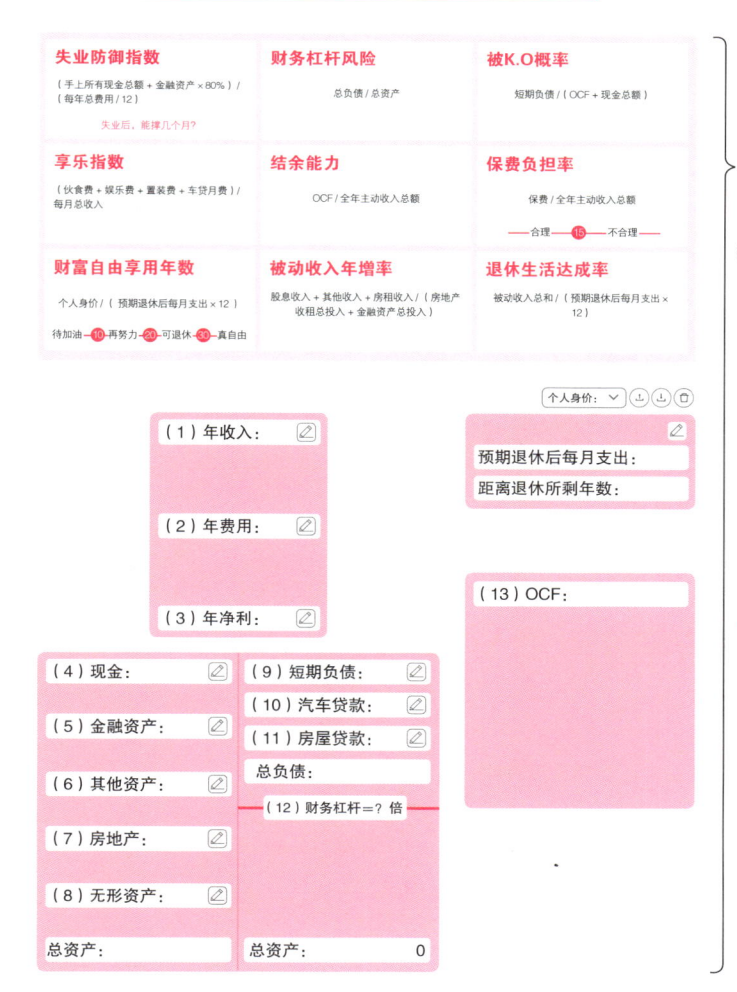

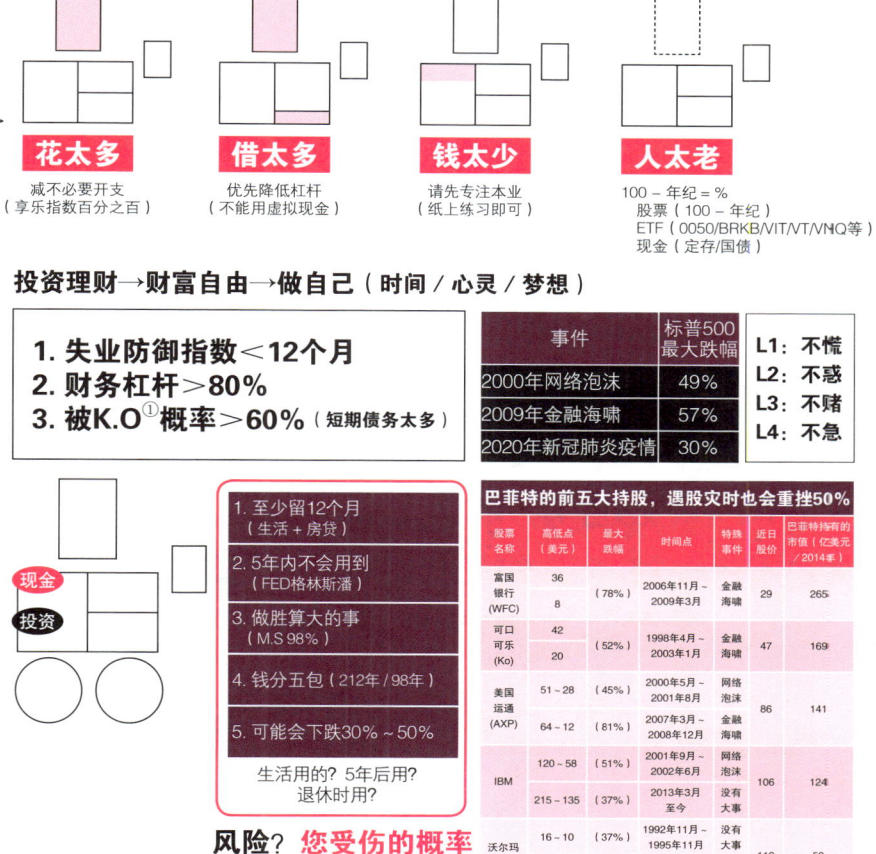

失业防御指数
（手上所有现金总额 + 金融资产 × 80%）/
（每年总费用 / 12）
失业后，能撑几个月？

享乐指数
（伙食费 + 娱乐费 + 置装费 + 车贷月费）/
每月总收入

财富自由享用年数
个人身价 /（预期退休后每月支出 × 12）
待加油 10 —再努力 20 —可退休 30 —真自由

财务杠杆风险
总负债 / 总资产

结余能力
OCF / 全年主动收入总额
合理　15　不合理

被动收入年增率
股息收入 + 其他收入 + 房租收入 /（房地产收租投入 + 金融资产总投入）

被K.O概率
短期负债 /（OCF + 现金总额）

保费负担率
保费 / 全年主动收入总额

退休生活达成率
被动收入总和 /（预期退休后每月支出 × 12）

花太多
减不必要开支
享乐指数百分之百

借太多
优先降低杠杆
（不能用虚拟现金）

钱太少
请先专注本业
纸上练习即可

人太老
100 − 年纪 = %
股票（100 − 年纪）
ETF（0050/BRKB/VIT/VT/VNQ等）
现金（定存/国债）

投资理财→财富自由→做自己（时间／心灵／梦想）

1. 失业防御指数 < 12个月
2. 财务杠杆 > 80%
3. 被K.O[①]概率 > 60%（短期债务太多）

（1）年收入：
（2）年费用：
（3）年净利：
（4）现金：
（5）金融资产：
（6）其他资产：
（7）房地产：
（8）无形资产：
总资产：

（9）短期负债：
（10）汽车贷款：
（11）房屋贷款：
总负债：
（12）财务杠杆 = ? 倍
总资产：　　0

个人身价：
预期退休后每月支出：
距离退休所剩年数：

（13）OCF：

现金
投资

1. 至少留12个月
   （生活+房贷）
2. 5年内不会用到
   （FED格林斯潘）
3. 做胜算大的事
   （M.S 98%）
4. 钱分五包（212年/98年）
5. 可能会下跌30%～50%
生活用的？5年后用？
退休时用？

风险？　您受伤的概率
（巴菲特的两个投资守则）

事件	标普500最大跌幅
2000年网络泡沫	49%
2009年金融海啸	57%
2020年新冠肺炎疫情	30%

L1：不慌
L2：不惑
L3：不赌
L4：不急

巴菲特的前五大持股，遇股灾时也会重挫50%

股票名称	高低点（美元）	最大跌幅	时间点	特殊事件	近日股价	巴菲特持有的市值（亿美元/2014季）
富国银行(WFC)	36 / 8	(78%)	2006年11月～2009年3月	金融海啸	29	265
可口可乐(KO)	42 / 20	(52%)	1998年4月～2003年1月	金融海啸	47	169
美国运通(AXP)	51～28	(45%)	2000年5月～2001年8月	网络泡沫	86	141
	64～12	(81%)	2007年3月～2008年12月	金融海啸		
IBM	120～58	(51%)	2001年9月～2002年6月	网络泡沫	106	124
	215～135	(37%)	2013年3月至今	没有大事		
沃尔玛(WMT)	16～10	(37%)	1992年11月～1995年11月	没有大事	119	58
	84～57	(32%)	2014年10月～2015年8月	中国股灾		

757亿美元

① K.O：拳击用语，击倒。

第9堂课会教大家怎么样通过"财务健检"了解自己的状况。我到底有多少资金可以投入股市？万一投进去后发生意外，能不能活下来？在投资之前，先盘点一下自己的状况这是最重要的。

这里有个软件能够辅助我们对财务状态进行检视。

请你先进入"financeMJ.com"这个网页，先会显示的是"超级数字力"。首先，右上角有个"财务健检"，请点击，就可以进入个人财务健检的部分。

❶代表"损益表"告诉我们赚钱还是亏钱，你自己的财务状况；❷是资产；❸是负债；❹是股东权益；❺是地方代表你的公司、你的家庭、你的个人，每一年的现金流量状况好不好。

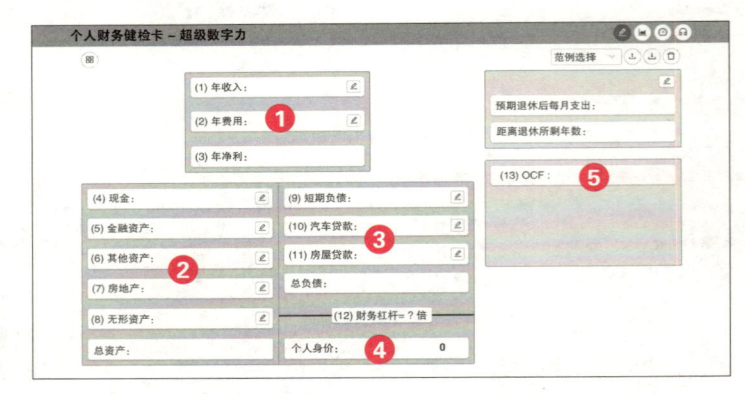

接下来大家可以输入自己的财务状况，比如主动收入通常指薪水，假设一个月薪水是10万元、一年年终奖金大概是25万元，输入这些数字。

再来看看有没有被动收入，例如有一些股票，每年固定配息假设5万元……也把它写上去，再想想还有什么其他收入，如租金等，也记得都填进去。

注意一下单位，有些是年、有些是月，所以加总后，就可以看出你的损益表：第一个收入类有162万元。

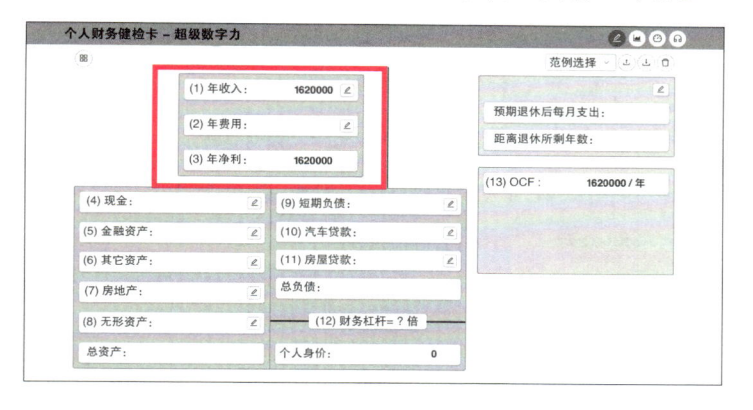

再看开销的部分，在"年费用"的地方点击进去，就会看到"基本开销（月）"生活费大概需要多少？例如，伙食费1万元、置装费是5000元、交通费为9000元……如果在外面租房子，一个月2万元；娱乐费假设为5000元，假如有两个小朋友学费大概是16000元，油资费再加2000元，全部写完再想想有没有其他支出。

看看借款的部分，比如信用卡每个月要缴3000元卡费、没有房贷（假设是租房子）、车贷每个月5000元、没有学贷或者是其他保单借款……然后在"其他支出"的地方再看看有没有保费，假设一年10万元、所得税每年6万元、燃料税2万元，都输入填好。

加总之后来看，你的年收入162万元，一年的开销食、衣、住、行、育、乐加起来108万元，一年的收入里有54万元可以存下来。如果没有花掉，就会转为系统右方的"现金流"（Cash Flow），这就是所谓的营业活动现金流量。

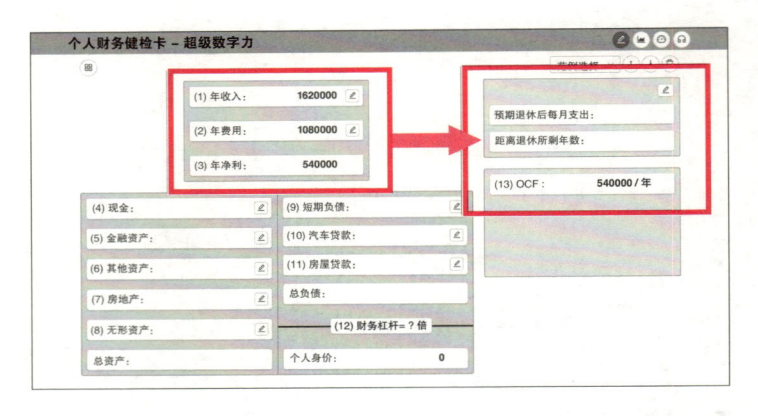

再来看左下角❷"资产"部分。假设经过过去10年的积累，手上现金有120万元，虚拟现金在银行假设有500万元（就是之前提及的20年期间虚拟现金500万元）。把它输入就会看到你现金是120万元，而虚拟现金因为是虚拟的，所以不会显示。

如果你有金融资产，比如买了40万ETF，报酬率大概是3%，输入就可以看出金融资产的部分。如果没有房地产或其他部分，这样加总起来总资产就是160万元。

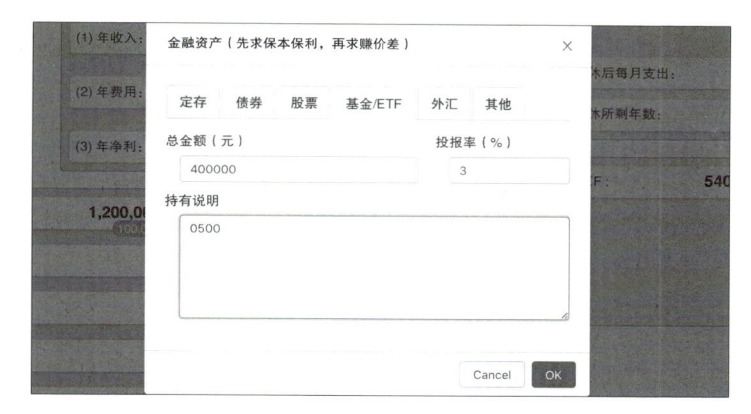

再来看❸"负债"的部分。假设有短期信用贷款20万元，利率10%，以及汽车贷款50万元，剩余年数是3年，利率是8%……然后加总起来。

加总后，很快就可以看出个人财务状况。左边的资产是160万元，对外的总负债是70万元，负债率是43.75%；然后个人身价就如右边计算所示为90万元。

这样很快就能看出个人的"损益表""资产负债表""现金流量表"。

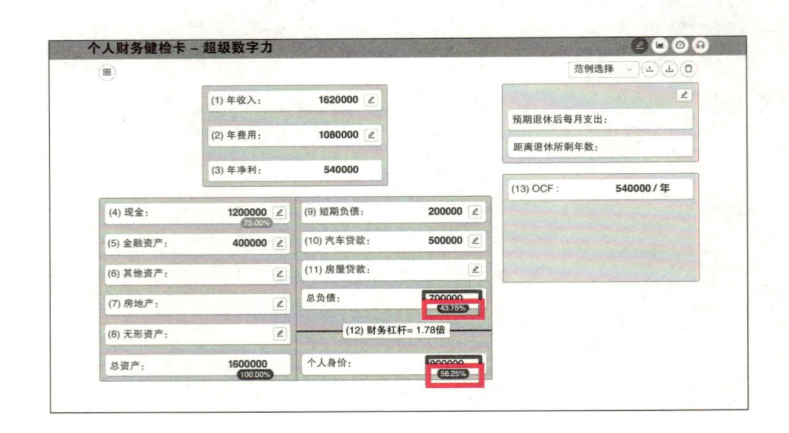

接下来看右上角有一个"压力测试"（温度计小图），按一下就能知道你现在的状况。

个月。这个公式也说明，万一失业，计算出目前可以活16.89个月，代表即使你未来一年都没工作，也能活下来。

财务杠杆风险（负债比例）43.75%看起来还可以，被K.O的概率是11.49%，很不错。享乐指数是18.52%，换句话说，赚了100元，你只花了18.52元，很省；你平均一年大概会存37元。保费负担率为6.9%，也是一个蛮健康的状态。

如果还想知道其他如"退休生活达成率"的资讯一样可以从左上角的窗户型小图点击，找到"预期退休后每月支出"来输入条件。

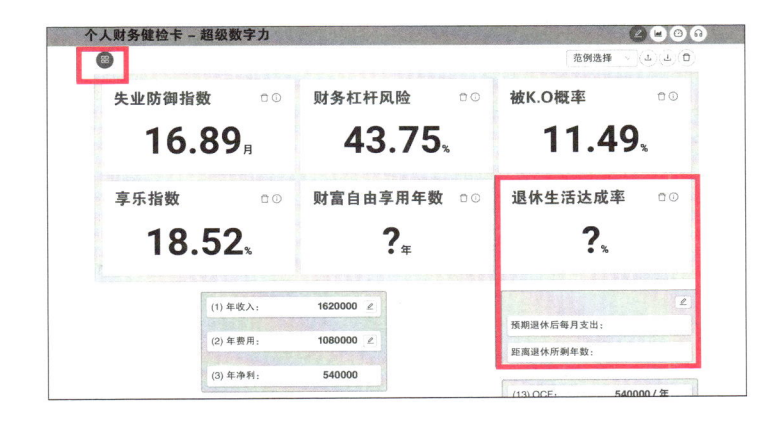

看一下九宫格左上角的"失业防御指数"，点击"感叹号"有附注：表示手上的现金加上金融资产打8折，因为股价价格会波动，加上每一年的总费用除以12

例如，你1972年出生，预计55岁退休，每个月基本开销是6万元，医疗保险也算6万元，每一年带家人出去玩估计10万元，保险费一年15万元。

输入后，就可以知道目前（2020年）距离退休剩7年，每一个月基本开销摊提下来大概是85000元。所以可以推算出，退休生活达成率为16.5%，表示想要提早退休是有困难的。

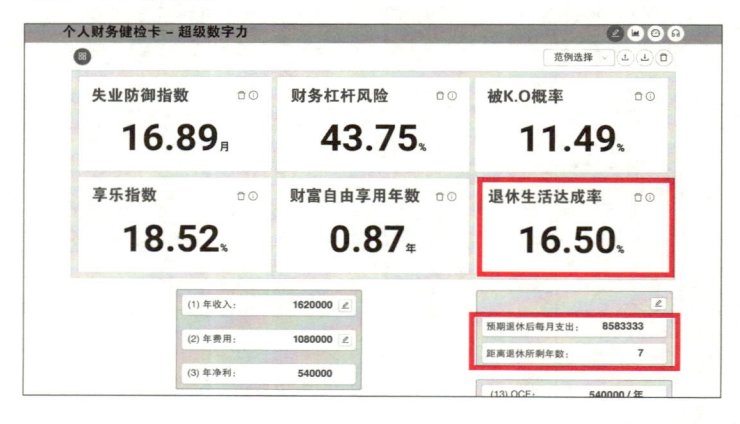

如果把年费用试算调整一下，换成置装费是每个月1.5万元、伙食开销2万元、娱乐费用9000元、交通费3万元、房租开销5万元……一算就可以看出每一年入不敷出，那么这时候投资理财与你没有关系，你的重点要放在节省上。

此时再回头看"财务测试表"（左上角四格窗小图）就能发现，万一发生事情的时候，被K.O的概率就提高为23.15%。

这里"被K.O概率"通过"感叹号"再来看一下说明，就是短期负债：人家不想借钱给你了，请你马上还钱，你手上有钱能马上还吗？

希望大家通过这个网站，可以很快知道自己的财务状况。

四种状况应稳健守财 不要投资

个人的财务健检一样能通过损益表、资产负债表、现金流量表的角度来分析。每一年存下的钱就是营业现金流（OCF），记得把退休基本的开销算进去，然后可以观察以下项目（图9-1）的检视。

比如，失业防御指数、财务杠杆风险（危机时刻记得要去杠杆）、被K.O概率、短期负债（万一人家讨债，能不能还得了）以及享乐指数等，总要存些钱，没有钱怎么会有第一桶金呢？保费负担会不会太大？如年收入100万元保费负担最多只有1/10，如果太高怎么办？不要砍保单，请你减总额，原本投100万元、500万

失业防御指数	财务杠杆风险	被K.O概率
（手上所有现金总额＋金融资产×80%）÷（每年总费用/12） 失业后，能撑几个月？	总负债÷总资产	短期负债÷（OCF＋现金总额）

享乐指数	结余能力	保费负担率
（伙食费＋娱乐费＋置装费＋车贷月费）÷每月总收入	OCF÷全年主动收入总额	保费÷全年主动收入总额 ——合理——15——不合理——

财富自由享用年数	被动收入年增率	退休生活达成率
个人身价÷（预期退休后每月支出×12） 待加油—10—再努力—20—可退休—30—真自由	（股息收入＋其他收入＋房租收入）÷（房地产收租总投入＋金融资产总投入）	被动收入总和÷（预期退休后每月支出×12）

图9-1　个人财务健检九大方面

元，减少到50万元、30万元、20万元，把保费控制在年收入的1/10。另外还有财富的自由享用年数，被动收入年增率跟退休生活达成率等财务健检项目，大家了解一下。

接下来就能发现自己可能存在四种健检情况。

第一，花太多

你赚的钱，在损益表里面还没有留下来变成净利就花光了。因此，请你在食、衣、住、行、育、乐各个方面减少不必要的开支。有些东西不需要"高大上"，应该把钱省下来。因为你现在的状况就是"享乐指数"百分百，请你把享乐降低一点，这样才有第一桶金。

第二，借太多

换句话说，财务杠杆的棒子太低了（代表负债太高），一定要看一下你财务杠杆的风险，关键时刻请注意去杠杆，这点很重要。

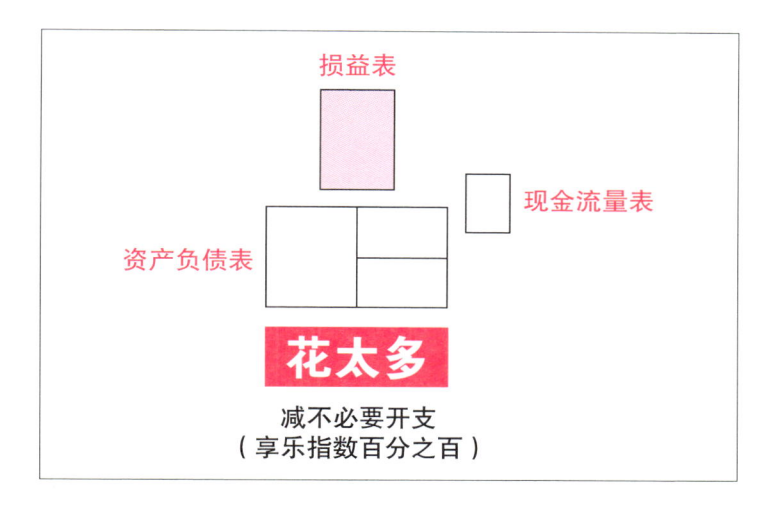

图9-2　财务健检　范例一：花太多

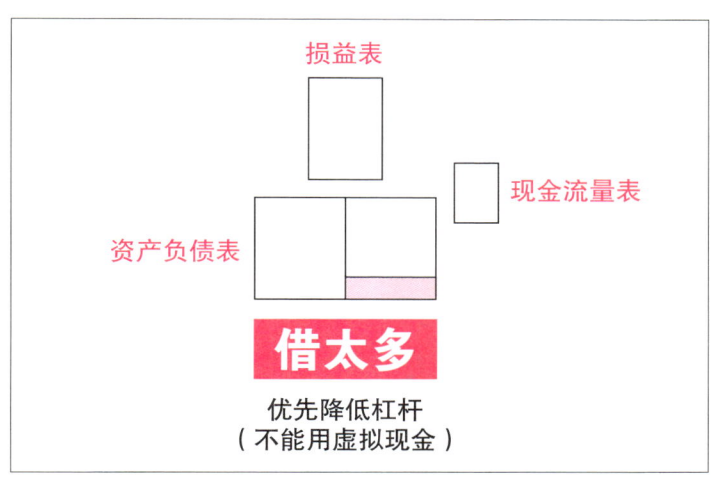

减不必要开支
（享乐指数百分之百）

图9-3　财务健检　范例二：借太多

优先降低杠杆
（不能用虚拟现金）

第三，钱太少

如你手上根本没有现金，请你先专注本业，强化自己的能力，让本业赚更多钱。等到2年、3年、4年、5年之后，请你回头看一下，是不是像我们这几堂课说的一样，在大事发生、下跌30%时做投资，会有好的报酬率。

第四，人太老

如果你已经在60岁以上，投资理财完全是不一样的思维。请你记住这个公式——100减去你的年纪；比如现在是60岁——100减60，在股票上最多只投入40%比例的钱就好。另外，你的现金持有比率应刚好等于你的年纪，60岁表示大部分要留现金。因为当我们年长的时候，我们的损益表是虚线的，代表没有收入了，所以持有现金、投资保本保利的ETF、创造稳定的现金流，非常重要。

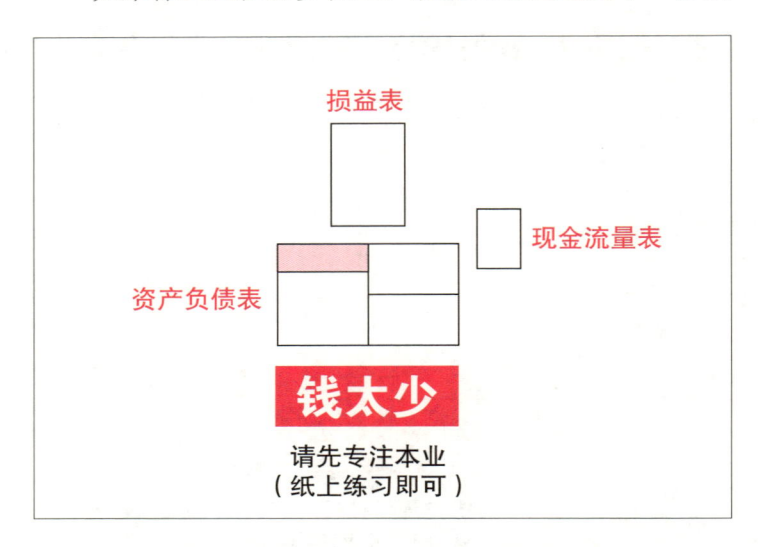

图9-4 财务健检 范例三：钱太少

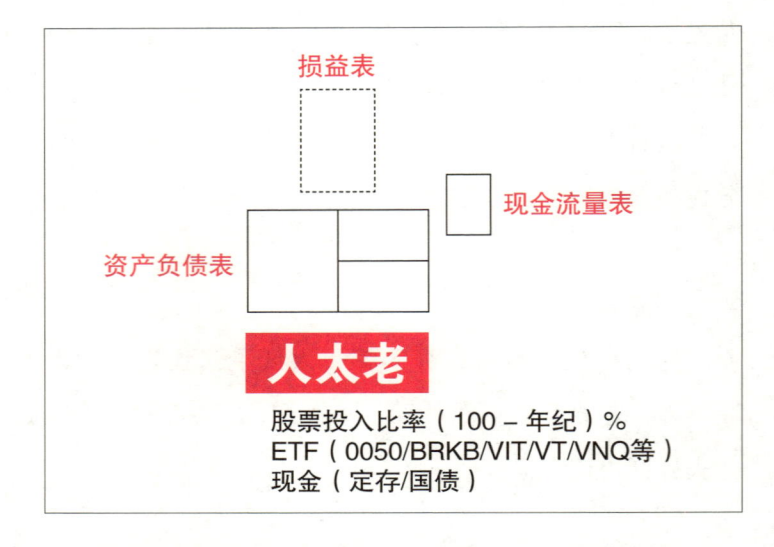

图9-5 财务健检 范例四：人太老

以上四种情况都不太适合投资。在MJ教书的11年中，曾帮助很多人达成财富自由的梦想，但也有些同学太快进场，导致亏了钱。

我要跟大家说，请你一定要做胜算大的事，投资理财的目的就是要实现财富自由，财富自由才能善用自己的时间，达成梦想。

因此，做完个人财务健检的几个重点为——

第一，如果失业防御指数只有不到12个月，请不要做任何投资，看一下如何调整开销，尽量省。

第二，如果财务杠杆大于80%，这一波的财富如何分配与你没关系，因为你的状态近似于只要稍微有风吹草动，如银行抽银根，你可能就破产，请放弃这次的投资机会。

第三，被K.O的概率大于60%，比如有短期负债要还，但你还不了。当车贷、房贷、信贷等短期债务太多时，你也不应该做投资，而应该去改善财务结构。

1. 失业防御指数＜12个月
2. 财务杠杆＞80%
3. 被K.O概率＞60%（短期债务太多）

图9-6　现况不宜投资的三大指标

降低财务风险必遵循的守则

为什么这样说呢？因为我们要做胜算大的事。上一堂课讲到标普指数还记得吗？2000年网络泡沫的时候最多跌到49%；2009年金融海啸最多跌到57%；2020年新冠肺炎疫情跌到30%，8兆多美元就这样消失了。

因此请你做以下几件事。

第一，做完个人健检之后，至少留25%现金，20年期的虚拟现金现在不要动。

第二，有关投资的部分要做到以下几点：

1. **要保留至少12个月的生活费跟房贷**

    现在很多国家还在封边境、禁止搭机转机，万一失业怎么办？基本上未来几个月，全球经济活动还会受疫情影响。比如，很多公司放无薪假、裁员等。所以，你一定要留12个月的生活费加房贷，因为万一你失业了，银行不会可怜你，你还是得付房贷。

2. **要投资的钱是5年内不会用到的钱**

    还记得先前讲过的金融学吗？遇到大事发生的时候，发达国家大概要12个月，最短是6个月恢复正常；发展中国家大概需要3年，最短也需要1.5年左右才能恢复正常。因此我们希望大家等6个月再行动，万一这些市场都没有回归理性，可能两三年就会出事，你的钱到时可以拿来投资。我们希望你投资用的钱是5年内都不会用到的。

3. **做胜算大的事**

    还记得摩根士丹利研究大数据吗？发生股灾时，98%的人只要买好的公司，用生活常识跟行业专业知识判断觉得它不错，基本上3年都能赚钱。

4. **钱分成五包**

    没有人知道低点在哪里，不要去猜测低点。将手里的钱分成五包，就像之前提到的分6个月、8个月、10个月、12个月、18个月来投资，因为这样可以分摊、买到均价。如果你比较积极，可以自己规划、分成三批进场，并用日程表来提醒自己。

5. **一定要告诉自己不要慌**

    历史数据告诉我们，现状股市有可能会跌到30%甚至50%，这样的情况都很正常，请你不要慌。

    换句话说，在做完财务健检后，现在生活要用到的钱千万不能拿出来投资；5年后才要用到的钱才可以拿出来；已经持有的退休基金不要急着卖，因为最后都会回归理性、回归价值，所以不要急着卖已经持有的退休基金。除非如同之前所说，财报分三种"可投、不可投、不知道可不可投"，如果属于不可投、财务结构很差、毛利率又是负的，那就请你卖掉，其他可以考虑留下来。

MJ要很负责任地跟大家分享：什么是风险？风险就是你受损的概率，而我们要做胜算大的事。

巴菲特说，投资只有两条准则：

第一，不要亏钱。怎么做到？就是我们"先求A再求B"，先求A保本保利，再求B赚价差。先求稳健、长期稳定，你才有机会。

第二，不要忘记第一条，就是不要亏钱。

投资理财是在圆梦，MJ会帮大家做好风险管控。再强调一次，**目前生活要用的钱不要拿出来投资、现金准备好25%、投资钱分成五包**，一定要做好这些事。希望大家通过这一次的个人财务健检，能够了解自己的状况。

请你一定要记得去"financeMJ.com"这个网页做财务健检，这就是你的家庭作业，我不了解你的状况，只有你自己了解自己。请你一定要仔细地填好你的收入、你的费用、你的净利；还有绿色部分的资产、负债、股东权益；灰色的部分也写出来；还有你未来的退休计划，记得点一下左上角就可以看到测试表或点击右上角进行压力测试，就可以知道你自己家庭的状况。希望这些观念对大家有些帮助。先了解自己！不要急着出手！

第10课　个人资产配置技巧 ❶

不出局、不杠杆、不相关、不博弈、能挤压

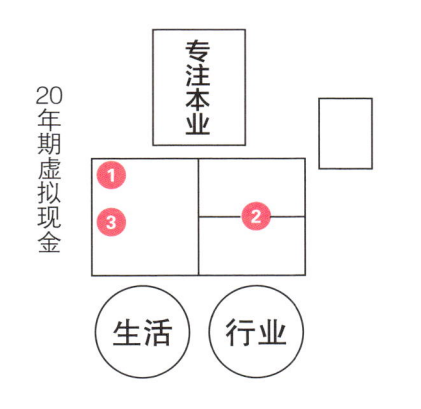

❶ 不出局（25%现金，雷打不动→只放定存/国债/1%上下的保本债券基金）

❷ 不杠杆（行为金融学：18～36个月，最快也要6个月才恢复理性）

❸ 不相关（投资组合最好**负相关**：2001年安然公司破产，2.1万名员工失业）

❹ 不博弈（**做胜算大**的事）：行为/政府/公司/个人→大局观的独立思考

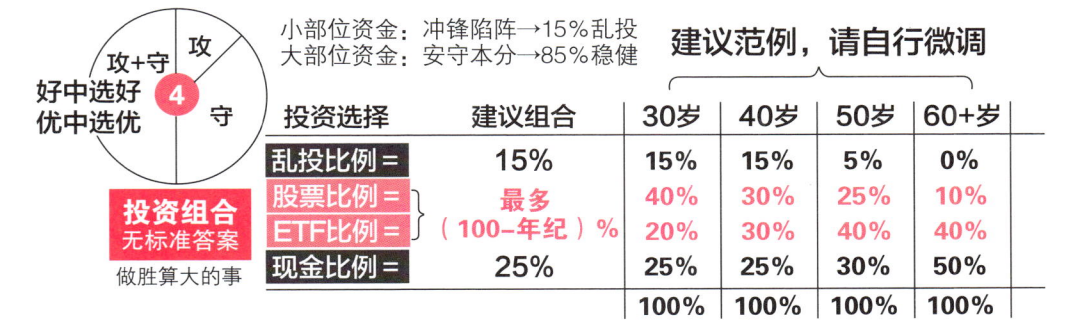

20年期虚拟现金

专注本业　①　③　②

生活　行业

为什么6个月不要急着进场？

$$GDP = C+I+G+X-M$$

市场递延效应　货币　财政

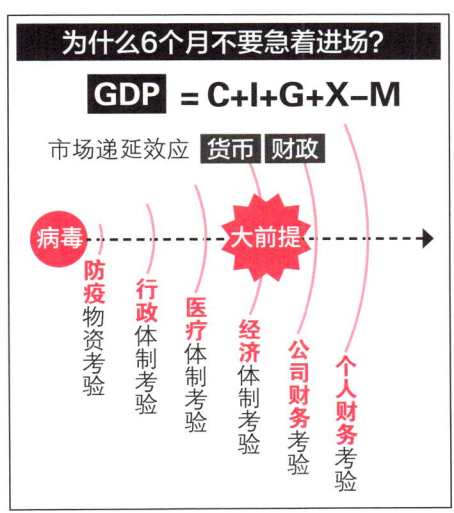

病毒 — 大前提
防疫物资考验
行政体制考验
医疗体制考验
经济体制考验
公司财务考验
个人财务考验

攻+守　攻　守
好中选好　④
优中选优

小部位资金：冲锋陷阵→15%乱投
大部位资金：安守本分→85%稳健

建议范例，请自行微调

投资选择	建议组合	30岁	40岁	50岁	60+岁
乱投比例=	15%	15%	15%	5%	0%
股票比例=	最多（100-年纪）%	40%	30%	25%	10%
ETF比例=		20%	30%	40%	40%
现金比例=	25%	25%	25%	30%	50%
	100%	100%	100%	100%	100%

投资组合无标准答案　做胜算大的事

心法：涨100%卖出1/2

乱投　涨 30% → 200%
　　　　平 0% → 0%
　　　　跌 70% → (100%)
　　　　　　　　　归零

心法：好中选好（7～30家）

股票　涨 60% → 100%
　　　　平 0% → 0%
　　　　跌 40% → (50%)
　　　　　　　　　40%

心法：负相关（0050/BRKB/VTI/VT）

ETF　涨 33% → 100%
　　　　平 33% → 0%
　　　　跌 33% → (50%)
巴菲特的世纪对赌　6%～7%

怎知对错？

❺ **压力测试**：给自己3～5种极端情况　25%现金　虚拟现金　5年的钱　分五包投

这堂课会谈如何做资产配置。我们一直教大家学会独立思考，在了解金融行为、人类行为之后，就可以做到不慌；了解国家会做哪些事情就能做到不惑；了解公司价值如何决定，就不赌；接下来个人的资产配置，你就能做到不急。

下面跟大家聊一下资产配置的十个技巧的前五个重点。

谨慎保本 不轻易投机操作

第一个技巧很简单，来自现金。什么意思？因为它可以让你不出局，这个是最重要的决定。记得巴菲特说的吗？投资只有两个原则——第一是不亏钱；第二请记住第一条，我们把它内化。

一、绝对不能出局

你一旦出局，过去5年、10年、20年积累的钱全部都亏空了，所以千万不要出局。怎样做到不出局？就是前面教大家的，25%的现金不能动，这一笔现金绝对不能拿去乱投资，只能放在定存、国债、国库券或1%上下的保本保利的债券，因为你要保本。

记得债券型基金就是低风险，所以是低报酬。不要去投资报酬率为4%~8%的债券型基金，只要报酬率超过你的常识，它基本上就是所谓的垃圾债券。高风险才有高收益率，不要为了那2%、3%……的收益，而赌上你的本金。本来就很保守的25%现金不要乱动，请你投资1%左右报酬率的国债型产品就可以。

二、不杠杆

杠杆的部分为什么很重要？因为先前谈到行为金融学时跟大家分享过，不管是发达国家还是发展中国家，一段时间后才会恢复理性。发达国家恢复理性的时间比较短，但起码要6个月；发展中国家最短要18个月。

刚才讲的是所有历史的平均资料，每一次历史都是独立事件，你一定要做最坏的打算。如果这时候高度杠杆，万一银行抽银根，市场没有如想象的那样反弹，那不仅一次亏惨，还违反了投资组合的第一个法则——不出局。

三、投资组合最好是负相关（不相关）

先前的内容有跟大家提过，一般人最大的收入是劳动收入，假设一年有100万元，40年4000万元，你不能将大部分收入全部投入一家公司——万一公司倒了，怎么办？

我们提过2001年安然事件，安然当年是美国第七大公司，说破产就破产，2万多名员工把退休基金全部投入自己任职的公司，下场非常悲惨。我们一定要记住这个原则，即"投资组合要不相关"。

四、不博弈 做胜算大的事

前面提到在行为金融学当中，希望大家要有大局的独立思考能力，从行为角度、国家角度、公司角度、个人角度判断出三种投资机会——好的、不好的、不知道好还是不好的。

第一件事是把"不好"的删掉，大部分的钱都投"好的"，也就是"好中选好、优中选优"，接下来小部分的钱，来投"不知道可投不可投"，这就是在做胜算大的事。

这也是前面一直提到的小部分的资金可以冲锋陷阵，最多乱投15%；大部分的资金要安守本分，做85%稳健的投资。守的部分举例来说，就是可以投资股票型指数基金（ETF），然后攻也行，守也行，就是"好中选好、优中选优"。

这里可以进"FinanceMJ"系统，来看看怎样进行"好中选好"。

首先，打开首页，点击上方的"menu bar"（菜单栏）看要选择台股或A股、美股。

我们以台股举例，点击"进阶查询"，可以看到右上角显示是1719家。这些公司都度过两个"死亡之谷"（2.5年和7年）才会上市上柜，这就是"好"，是比一般公司都要好的上市上柜企业。也就是我们说过的，创业成功概率只有1%仍能留下来的企业。

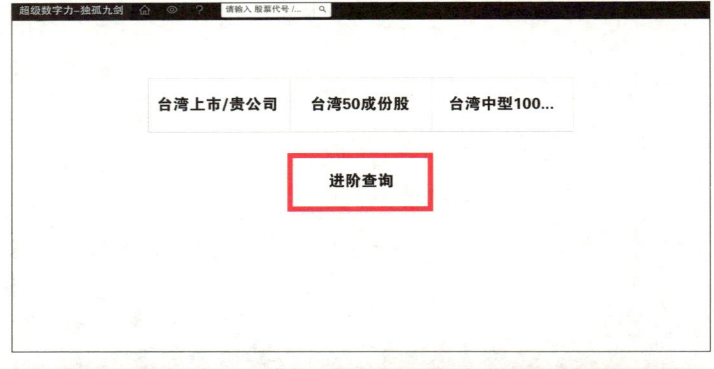

接下来，选择最近5年内的好生意，毛利率要大于多少自己决定，如25%……结果剩下677家，即剩下1/3左右。

下一步，看看最近5年股东权益报酬率（ROE），比如输入15%，可以看到只剩下188家。

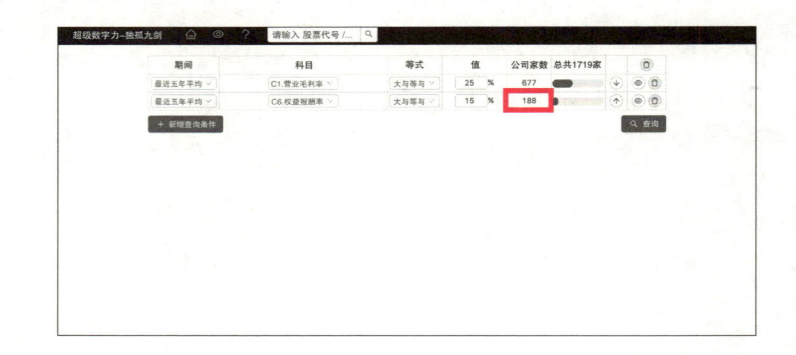

接下来我要选比较不会破产的，要求是现金多一点，现金与约当现金要求大于至少15%才考虑，这样只剩下140家。

如果觉得公司数量还是太多了，可以再加一些条件，比如前面有教大家五大财务比率……用这些条件搜寻一下。例如，我们可以设定做生意完整周期小于200天，这样筛选后发现只剩106家。

然后要看5年平均负债，一定不要太高，巴菲特说过，财报要看5年，"真的假不了，假的真不了"。我们设定负债比例小于60%，一查就只剩135家了。

之前提到，有些产业要200天、500天、800天才做一次生意，有时候景气波动很快，天数越长反而会产生一些风险，除非你手上现金很多，否则做生意的周期不能太长。

假设最后筛选出106家，可以自己取个代号，比如MJ106；点击一下该栏"眼睛"的地方，会出现一些标的物。这就是所谓"好中选好、优中选优"，攻也行，守也行。

然后想看哪家的营运状况，比如想要投资"台积电"，点击就会进入该公司的财务报表。

我们可以点左上角复习一下要点。A现金流量：比气长、有三长……通过系统，大家就能学会"好中选好、优中选优"。

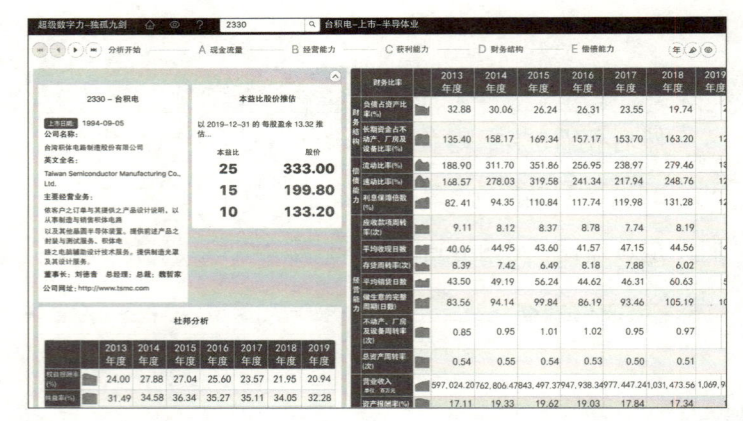

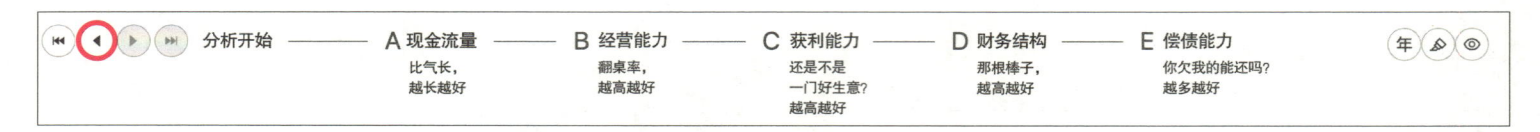

接下来看简单资产配置的重点，即做胜算大的事。永远记得，资产配置或投资组合没有标准答案，要看符不符合你的风险偏好，或是能不能帮助你达成自己设定的不同阶段的人生目标。如果你选的投资组合，在市场高低上下波动时，仍能让你安稳地入睡，那么这就是最适合你自己的投资组合。

MJ从1989年就开始投资股市，当时里面有很多高手，我看着他们消失在市场上，终于悟出投资没有标准答案，我们就做胜算大的事。即使是巴菲特，投资的成功概率也只有70%而已，所以不要想象自己很厉害。一旦信心大于能力就会灭顶，一灭顶就出局了，一定要避免。

五、给自己做压力测试

建议投资部位分成三个：第一是现金部位，第二是股票和股票型指数基金（ETF），第三是"乱投"。

"现金部位"只有两件事：一是遇到大事的时候，现金可以让你加码；二是出事的时候可以让你东山再起，最好是保持25%现金比较好。而随着年龄增加，你持有现金的比例就要变高，因为当年纪越来越大，损益表就会是虚的（你不再有固定薪资收入），我们只剩下资产负债表；而现金流量表也是虚的，因为没有现金流量，只有退休金，这时投资要非常保守。

有一个很重要的概念，不管是投资股票型指数基金（ETF）还是股票部位，最多就是以"100-年纪"的概念来投。比如现在40岁，就是100-40=60，表示最多投60%；你是70岁，就是100-70=30，只能投30%。在70岁高龄，你应该享受人生，怎么还进股市来随市场波动呢？我们不要做胜算小的事，要做胜算大的事。

另外，"乱投"的部位建议只要投15%就好，随着年龄越来越大，应该要减少乱投，这点要特别注意。以下给大家一些建议（图10-1），没有标准模式，自己决定就可以。

这样做有什么好处？

如果你偏好"乱投"，会碰到三种情况——涨、平、跌。因为是乱投，涨的概率可能偏低、持平的概率一般、跌的机会大，这些概率加起来是100%。

投资选择	建议组合	30岁	40岁	50岁	60岁+
"乱投"部位=	15%	15%	15%	5%	0%
股票部位=	最多 (100−年纪)%	40%	30%	25%	10%
ETF部位=		20%	30%	40%	40%
现金部位=	25%	25%	25%	30%	50%
		100%	100%	100%	100%

图10-1　各年龄层的投资比重参考

假设涨的时候可以到200%，持平一般，跌停则归零。还记得期望值吗？把30%涨的概率乘以200%、持平0%的概率乘以0%、跌停70%的概率乘以100%，之后全部相加，就会发现正正负负，最后都会归零。如果真的投进去涨了1倍、2倍、3倍、4倍、5倍……请记住，心法就是涨100%要卖掉一半。

举一个例子，我有朋友在美股非常差的时候买波音，最近涨了80%～90%，这时就要卖掉一半的波音，因为已经回本了。反正是乱投，万一波音真的不行，飞机又出问题，股价跌下来，你还可以再加码。

另外，投股票的部位要"好中选好、优中选优"。记得做到7～30家才有投资组合的效应，如果做不到，买股票型指数基金（ETF）就好。因为你是"好中选好、优中选优"，好公司涨的概率大，假设为60%；跌的概率也一定有40%，但长远来看，把涨的概率60%乘以100%、跌的概率40%乘以50%，再相加计算，可能

乱投	涨	30%	→	200%
	平	0%	→	0%
	跌	70%	→	(100%)

归零

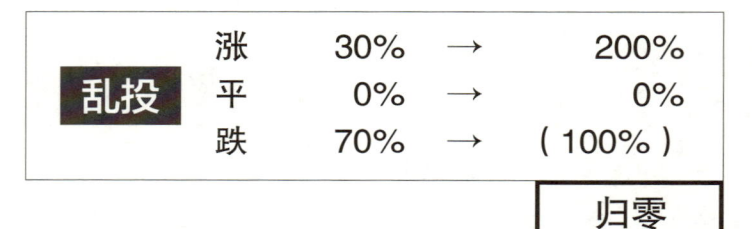

图10-2　"乱投"的保本心法

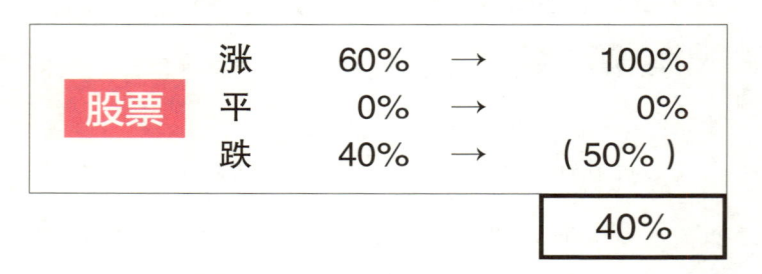

股票	涨	60%	→	100%
	平	0%	→	0%
	跌	40%	→	(50%)

40%

图10-3　投资股票部位的保本心法

会有40%的收益。

永远记得你的逻辑一定要很清楚，不要因为一些风吹草动或者一些小道消息，就丧失了独立判断能力。

接着是股票型指数基金（ETF），重点也是"负相关"。ETF涨、平、跌概率大概分别是33%，因为是大数法则。举例来说，0050就是50家，像VTI是投资美股（有1200～1300家），而VT是投资全球股市（有2000多家），这些企业不可能全部都消失。

巴菲特曾经在Longbets网站跟Protégé基金公司对赌100万美元，巴菲特说自己是随便投资ETF，比他们主动操作、杀来杀去要好。结果从2008年开始赌到2017年，整个10年间巴菲特赢了。巴菲特的报酬率在7%上下。他提到，买股票型指数基金（ETF）基本上每一年都有6%～7%的成长。

以上都做完了，如何得知对还是错？很简单，你就做压力测试，给自己3～5种极端状况，比如：

第一种状况——你那些比较"乱投"的部位，突然发生一些意外状况全部归零，你会死掉吗？不会。

第二种状况——投资很保守的股票型指数基金（ETF），如果时局波动，如朝鲜与韩国产生冲突、中美贸易摩擦等，请问你投资的这些部位会一次全部死光吗？不会。

只要通过压力测试（各种极端情况模拟），天塌下来都能让你活得好好的，这就是最好的资产配置。

有四个家庭作业：

- 第一，**总是要留25%现金。**
- 第二，**买房的时候，请去银行申请20年的虚拟现金。**
- 第三，**你投资的钱最好是5年以内不会动用到的钱。**

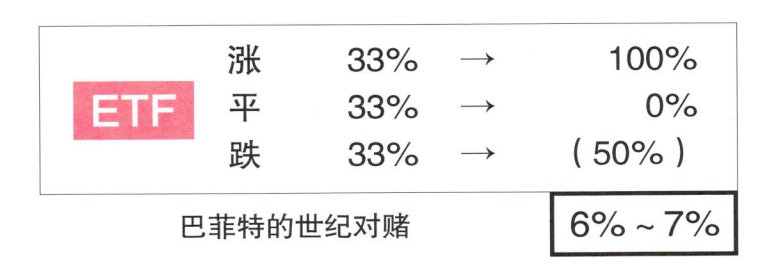

ETF	涨	33%	→	100%
	平	33%	→	0%
	跌	33%	→	(50%)
巴菲特的世纪对赌				6%～7%

图10-4　投资ETF的保本心法

格林斯潘曾说："投入股市的钱是五年内都不会去动用的。"我们要记得行为金融学讲的历史验证记录：经过6～18个月，甚至3年的时间，市场恐慌才会恢复理性。

- **第四，**请你把要投入的钱分成五包。

只要有以上的保护机制，就能做到不出局，这堂课先跟大家分享这五个重点。

第11课　个人资产配置技巧 ❷

先求A，再求B

- 不要在你没有认知优势的地方下大注（能力圈）
- 做胜算大的事
- 千万别出局（抗压能力）
- 抓住大概率事件充分发挥它的价值

❻ 先求A（保本保利），再求B（赚价差）

WHY？ 巴菲特说投资有"2个准则"；"买的时候，利润就决定了"，而不是卖的时候

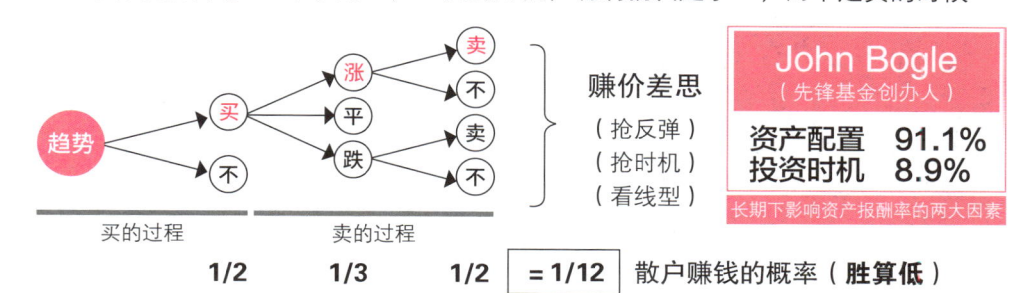

赚价差思（抢反弹）（抢时机）（看线型）

买的过程　　卖的过程
1/2　　　1/3　　　1/2　＝ 1/12　散户赚钱的概率（胜算低）

John Bogle（先锋基金创办人）
资产配置　91.1%
投资时机　8.9%
长期下影响资产报酬率的两大因素

单位：美元

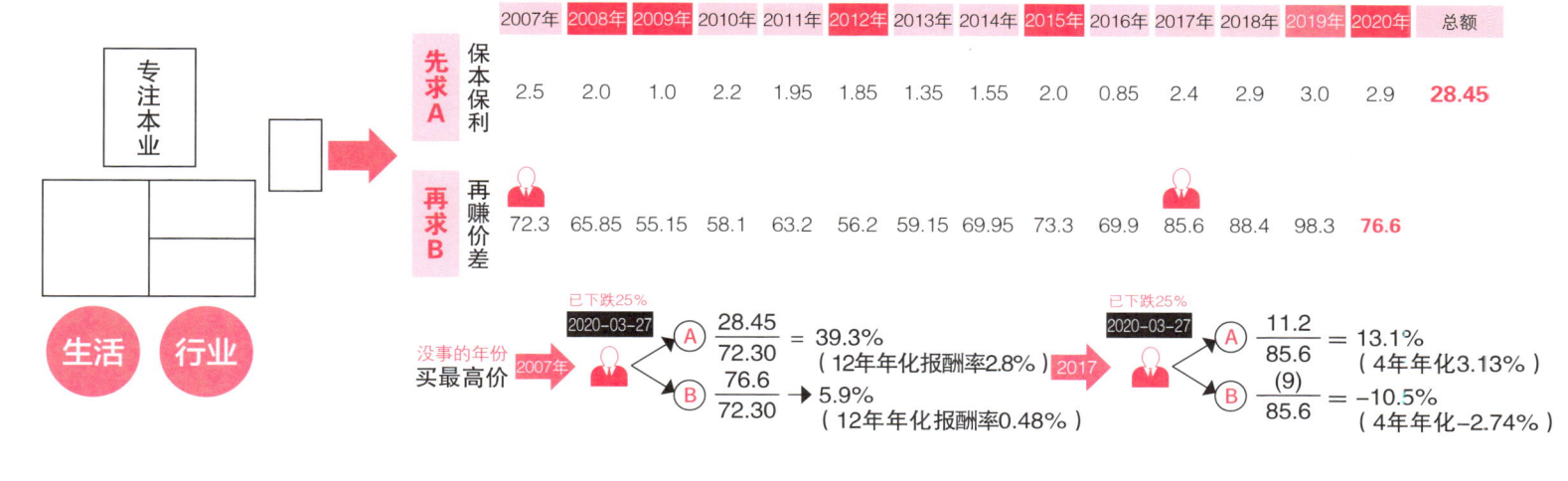

	2007年	2008年	2009年	2010年	2011年	2012年	2013年	2014年	2015年	2016年	2017年	2018年	2019年	2020年	总额
先求A 保本保利	2.5	2.0	1.0	2.2	1.95	1.85	1.35	1.55	2.0	0.85	2.4	2.9	3.0	2.9	**28.45**
再求B 再赚价差	72.3	65.85	55.15	58.1	63.2	56.2	59.15	69.95	73.3	69.9	85.6	88.4	98.3		**76.6**

专注本业 → 生活　行业

没事的年份　2007年　买最高价

已下跌25%　2020-03-27
A $\frac{28.45}{72.30}$ = 39.3%（12年年化报酬率2.8%）
B $\frac{76.6}{72.30}$ → 5.9%（12年年化报酬率0.48%）

2017

已下跌25%　2020-03-27
A $\frac{11.2}{85.6}$ = 13.1%（4年年化3.13%）
B $\frac{(9)}{85.6}$ = −10.5%（4年年化−2.74%）

不要在你没有认知优势的地方下大注（能力圈）

做胜算大的事

千万别出局（抗压能力）

抓住大概率事件充分发挥它的价值

专注本业

生活　行业

❼ **不跟风/不跟议题，回归商业思维（物极必反，回归价值 = OCF）**
1636年郁金香事件→1720年南海事件→2001年事件互联网泡沫→DRAM→Panel→LED→太阳能→O2O→生技→P2P→共享经济→加密货币……**无限循环**

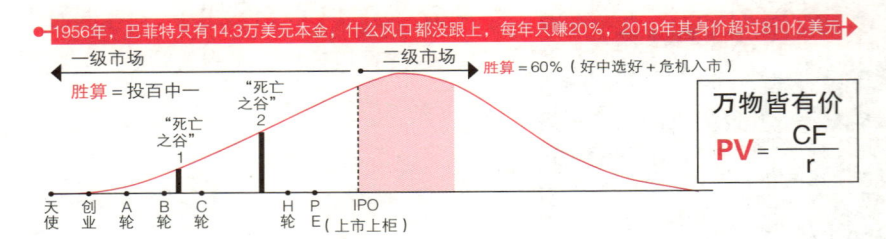

1956年，巴菲特只有14.3万美元本金，什么风口都没跟上，每年只赚20%，2019年其身价超过810亿美元

一级市场　　二级市场　胜算＝60%（好中选好＋危机入市）

胜算 = 投百中一

"死亡之谷"1　"死亡之谷"2

天使　创业　A轮　B轮　C轮　H轮　P E　IPO（上市上柜）

万物皆有价
$$PV = \frac{CF}{r}$$

❽ **10年视角：抓住大概率事件，充分发挥它的价值**
MS大数据（危机入市，3年内98%赚钱）＋学者研究（华顿／芝加哥／伦敦商学院／耶鲁校务基金／美国银行……巴菲特100万美元与Protégé的世纪对赌）

❾ **思绪受干扰时，问自己几个问题：**
（1）你之前投资的是：现在的钱？5年后才用的钱？
（2）你投资标的是：可投／不可投／不知可不可投？哪一种？
（3）你在做胜算大的事（好中选好）？赌一把（不知可否）？跟风（没有判断）？
（4）你的抗压能力如何？（天塌下来，你仍会活得好好的吗？）

❿ **建立基本持股后（危机入市）→改定期定额→专注本业→活出想要的人生**
40%→危机入市，中乐透
60%→定期定额，中小奖
找与你一样长期的价值投资者，每季定期聚会"打群架"

还记得前面一堂课讲到投资组合五个技巧吗？

第一是不出局，一定要手留现金才能不出局。

第二是不杠杆，这才不会被什么意外事件打败。

第三是负相关，一定要投资"负相关"或至少"不相关"，要不然你就等同全部投入（All in）。

第四是不博弈，不要去赌，你要做胜算大的事。

第五是要有抗压能力，要做好压力测试。

怎么做好压力测试？MJ提供给大家的四个方法还记得吗？

第一，手上留25%的现金。

第二，买房的时候去银行申请20年期的虚拟现金。

第三，投入的钱至少是5年后才会用的钱，因为你在追求财富自由，不是在赌博。

第四，手上剩余可用的钱分成五包，在不同时间点投资，就可以分散景气波动的风险。

先求保本保利 再赚差价

我们再来看第六点。

首先，前面有提及，不要在没有认知优势下的地方下大注。如果对这个东西不懂，要有敬畏之心，不要去赌，要在能力圈内做可以做的事情。其次，要做胜算大的事。再次，就是千万不要出局，要有抗压能力。最后，就是抓住大概率事件，充分发挥它的价值。举例来说，现在股价急跌到70%，ETF也急跌了七八成，你进场就要记得抓住大概率：物极必反，回归价值的原则，然后就可以顺着这个趋势，赚到应该有的合理报酬。

回到第六点，有一个非常重要的概念就是"**先求A保本保利，再求B赚价差**"，请你一定要记好这句话！这是对于投资组合、价值投资来说最重要的一句话。

买的时候利润就已决定

巴菲特不断强调，投资的准则有两个：第一，不要亏钱；第二，请记住第一条原则。这就是"先求A保本保利，再求B赚价差"的概念。他还讲了一句话："买的时候就决定利润，而不是卖的时候（Your profit is made when you buy, not when you sell.）。"这意思是买的时候就已经知道你是在做胜算大的事，或是在赌博。

具体来说，假如你很清楚大局的趋势面，不管是人口老龄化还是地球温室效应等，接下来就是决定买还是不买。买了之后剩三件事，涨、平、跌；涨了之后又剩两件事，卖还是不卖。你必须完成买卖的两个过程，才会赚到价差。

思考一下，买与不买的概率各占1/2；涨、平、跌常态分配为1/3；涨了之后卖或不卖概率各占1/2。

从这样的公式可以推算出，散户赚钱的概率就是1/2乘以1/3乘以1/2，最后得出真正赚钱的概率只有1/12（图11-1）。这就是为什么有人说，"十个散户九个亏"，或者"十个散户七个亏、两个平、一个赚"，原因就在这里。

赚价差的思维——抢反弹、抢时机、看线型，这

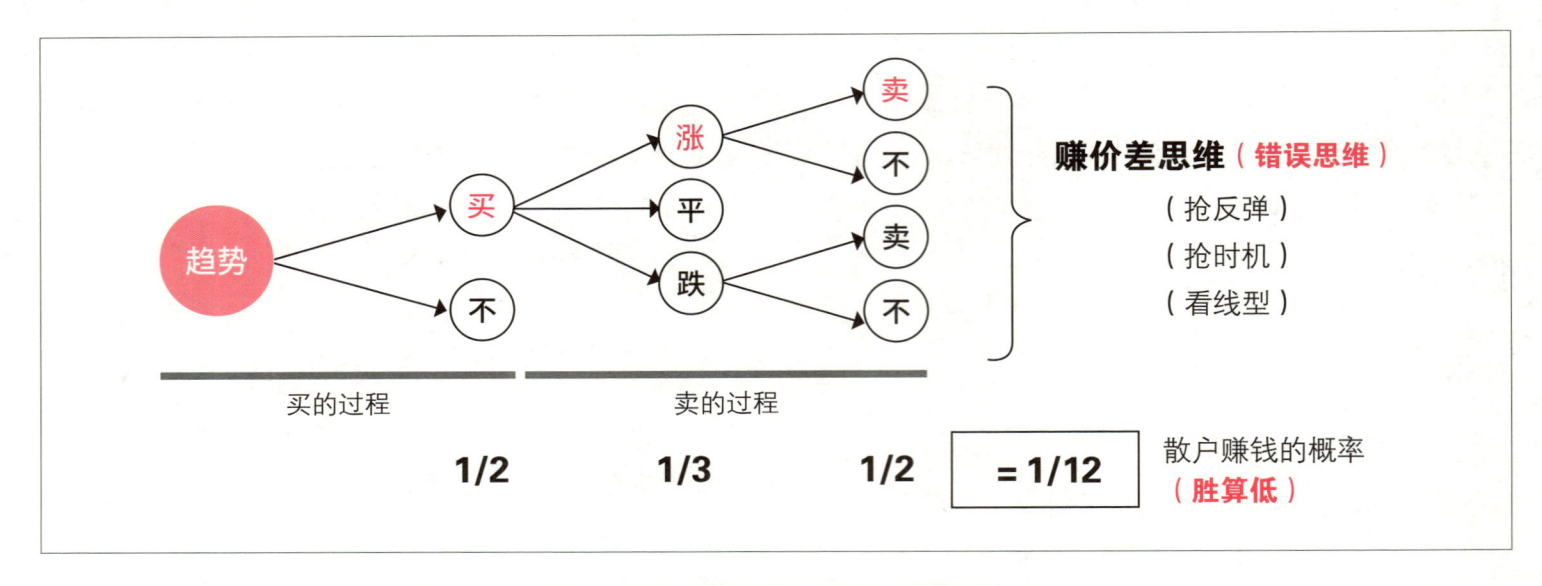

图11-1 散户错误的买卖思维

都是错误的，为什么？有一个非常厉害的名人叫John Bogle（约翰·博格尔），他是先锋基金的创办人，他对人类经济最大的贡献，就是大力推广了股票型指数基金（ETF），他们的团队也做过研究，长期看影响资产报酬的有两个原因。

从历史事件拉长时间思考

第一，资产配置占了91.1%的影响。资产配置还记得吗？前面讲到负相关、好中选好、优中选优……就可以影响91.1%，进场时机点只占了8.9%。换句话说，时机没有那么重要，所以你一定要"先求A，再求B"。不管什么时候进场都是"先求A保本保利"。

举个例子请见图11-2，元大台湾50ETF（0050）"先求A保本保利，再求B赚价差"，从2007年一路走到2020年，作者撰写此文时的收盘价是76.6元。深色标签的地方表示发生过影响市场的关键大事，如2008～2009年金融海啸、2012年欧债危机、2015年中国股市震荡、2019年中美贸易摩擦、2020年美股发生四次熔断。

我们看一下还没有发生大事的时候，它的股价是72.3元；随着市场发生大事就下跌、平静的时候又上涨、发生大事之后又下跌……从中可以看出市场是不理性的，一定要理解这个逻辑。

理解这个逻辑之后来假设一下，把所有资料整合起来看，可以发现——先求A保本保利。怎么说？2007年开始它的配股配息是2.5元、2元、1元……这样一路下来；从去年开始，就改成每半年配一次，价差的部分同样是遇到大事下跌，没有事情又上涨，然后又下跌……

假设你2007年下场投资，这样你的A（保本保利）从2007年开始，一路总共拿了股息28.45元，所以"先求A保本保利"就是这里的股息，然后你投入的成本是72.3元。这时候就能算出保本保利这12年总共赚了39.3%（图11-3），平均来看，就是每一年稳赚2.8%。这就是"先求A保本保利，再求B赚价差"的A部位报酬。

		2007年	2008年	2009年	2010年	2011年	2012年	2013年	2014年	2015年	2016年	2017年	2018年	2019年	2020年	总额
先求A	保本保利	2.5	2.0	1.0	2.2	1.95	1.85	1.35	1.55	2.0	0.85	2.4	2.9	3.0	2.9	**28.45**
再求B	再赚价差	72.3	65.85	55.15	58.1	63.2	56.2	59.15	69.95	73.3	69.9	85.6	88.4	98.3	**76.6**	

单位：元

图11-2　台湾0050近年股价与配息检视

如果2007年没有发生大事的时候你刚好进场，进场的成本是72.3元。现在这个时间点是76.6元，两个一除就是76.6元要扣掉72.3元，你就可以算出价差总共赚了5.9%。表示这12年间，换算成年化报酬率为0.48%，这就是"再求B赚价差"部位的获利。

因此，投资报酬率要这样算：先求A——2.8%，再求B——0.48%，这样这12年下来每一年的报酬率就是A＋B=3.28%。这样算还不错，你算是立于不败之地。

那如果是另外一种情况呢？比如在2017年进场、买到高点85.6元，请注意这个时间点到目前为止，已经下跌25%，"保本保利A"是多少？

看一下投入的本是85.6元，这几年总共赚了多少利息？将2.4元+2.9元+3.0元+2.9元=11.2元，这样一除就

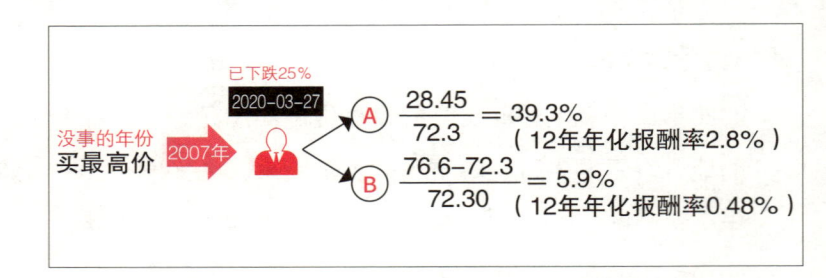

没事的年份买最高价 2007年 → 已下跌25% 2020-03-27

$$A\ \frac{28.45}{72.3} = 39.3\%\ (12年年化报酬率2.8\%)$$

$$B\ \frac{76.6-72.3}{72.30} = 5.9\%\ (12年年化报酬率0.48\%)$$

图11-3　2007~2020年的投资报酬率计算

代表你这4年总共赚了13.1%（图11-4），把它换成年化报酬率就是3.13%。注意！你是买在高点，然后股价就跌下来。再来看一下B，你的成本一开始是85.6元，2020年股价为76.6元，亏9元。你的报酬率是-10.5%，4年年化报酬率为-2.74%。

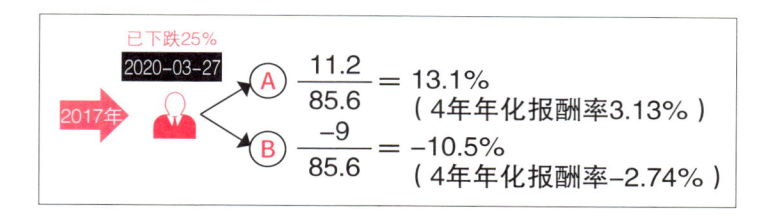

已下跌25%
2020-03-27
2017年

$$\frac{11.2}{85.6} = 13.1\%$$
（4年年化报酬率3.13%）

$$\frac{-9}{85.6} = -10.5\%$$
（4年年化报酬率-2.74%）

图11-4　2017~2020年的投资报酬率计算

看一下，你刚好买在相对的高点，一样"先求A，再求B"，你的报酬率保本保利3.13%减去2.74%，还是有0.39%的利率，等同定存一样；即使你买在相对高点，在股价下跌后，仍有正的报酬率！

但是你永远要记住，最后会回归均值，"物极必反，回归价值"。因此"先求A，再求B"的概念很重要，这是投资组合中最核心有用的概念，一定要记住。

不要跟风 物极必反 回归价值

第七点，要跟大家分享不要去跟风、不要跟议题，所有东西最后都是回归商业思维；物极必反，回归均值（价值）。

价值来自Cash Flow（现金流），你可以看一下过去1636年郁金香事件、1720年南海事件、2001年互联网泡沫，接下来的DRAM、PANEL、LED、太阳能、O2O、生技、P2P、共享经济、加密货币，无限循环……这些都来自不同的行业，但是他们都会讲同一句话："这次不一样。"

当时大家都买郁金香，一朵郁金香可以买一栋房子，现在一朵郁金香不到10元；当时大家都在海上探险，牛顿就在南海事件中破产。互联网，人生有梦最美，结果也归零了；DRAM剩下几家公司？PANEL、LED、太阳能、O2O、生技等产业，到最后，也只剩下几家公司而已。

专注本业　投资标的：找上市上柜公司

换句话说，喜欢跟风的这一群人的成功概率也只有1%，跟我们创业成功概率1%是一样的。一个是跟风，一个是专注本业，大家的胜算都是1%，因此当然是专注本业为优选，因为这是你可控的，而风口是不可控的。

要跟大家说的是，所有的行业都是慢慢起来、然后慢慢下去。一个人想创业，运气很好，找到天使投资，开始创业然后融资A轮、B轮、C轮……一直到H轮，PE私募……最后IPO上市上柜。

这一条路上有两个"死亡之谷"，第一个"死亡之谷"是在2.5年，第二个在7年。要经过两次"死亡之谷"，才有可能成功地上市上柜，如果要投资，请你只投资上市上柜的公司就可以。中国台湾地区现在有1700家、深圳和上海至少有4000家、美国有3000家上市上柜公司，请你在这些公司中"好中选好、优中选优"，不要想太多，去投资未上市公司或新创公司，除非你像MJ一样对创业充满激情。

看财报加"两只脚"，你的胜算会大于或等于

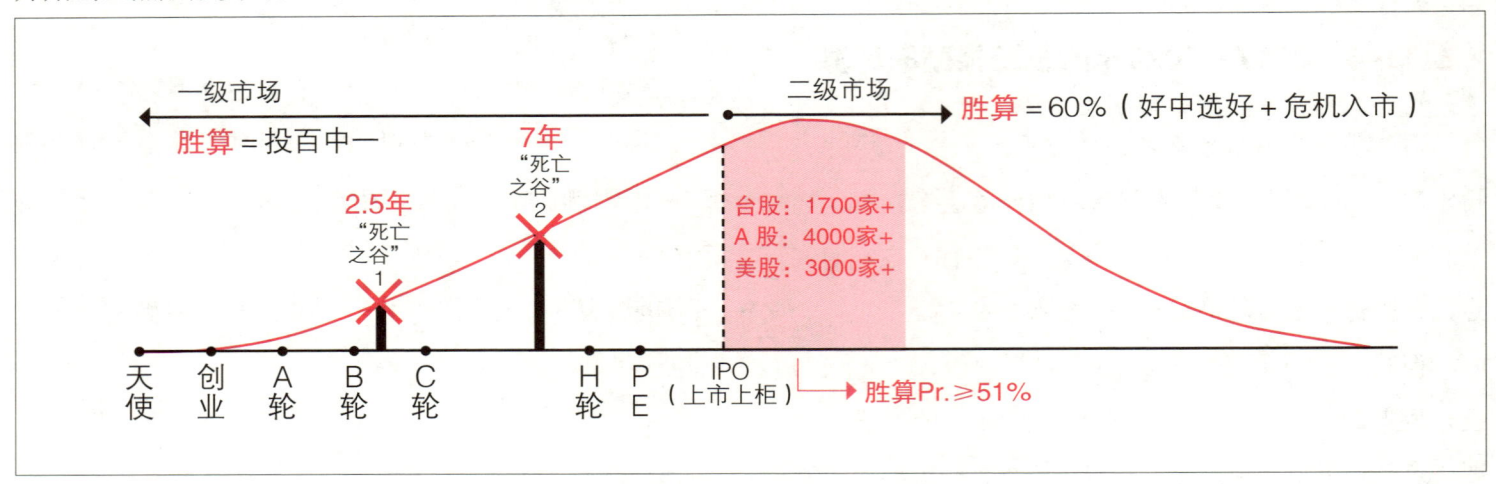

图11-5　好中选好　二级市场标的物

51%，因为你不再赌博，所以胜算很大。我们做到"好中选好"，再用"危机入市"，相对就会比较好。

二级市场做到20%就很成功

在图11-5中，以上市上柜为分野，右边叫作"二级市场"，很容易赚到钱；左边叫作"一级市场"，是给天使、创投基金、A轮、B轮、C轮投的，这些都是投百中一，只有1%的成功率。因为风险很高，所以要求100倍、200倍、300倍的报酬率。右边二级市场的胜算比较大，只要做到20%的报酬率，就会大富大贵。

还记得1965年有一个叫巴菲特的年轻人，身上只有14.3万美元，然后使这些钱一路变成810亿美元财富的故事吗？他也是从二级市场的20%着手。所以，你一定要想清楚，不要跟风，这是非常重要的概念。

有关资产配置，最担心的是你看了新闻报道说5G好像比较厉害，就去跟风投资。思考一下，从2G进步到3G、4G时，大家也都说发展性很好，后来看起来也还好，大家要结合历史仔细思考。

用历史视角 把握"危机入市"机会

第八点，就是要用10年的视角来抓住大概率的事件，让这类事件发挥它的价值。我们前面讲过摩根士丹利（Morgan Stanley）的大数据显示"危机入市"的重要性。

什么叫"危机入市"？当所有的价格资产都下跌30%就是危机。这时候只要进场，3年内98%都可以赚到钱。还有很多学者研究，比如沃顿商学院212年的研究资料、芝加哥大学九十几年的研究资料、伦敦商学院耶鲁大学校务基金操盘手、美国银行，还有巴菲特以100万元美金跟Protégé的世纪对赌……都只是投资ETF——先求A保本保利，再赚B价差，然后就可以赚到很多钱。

因此，请你用10年的视角，抓住大概率事件，充分发挥它的价值。

随时检视自己的资金运用状况

第九点，我们在投资布局之后，会有很多干扰因素。当你思绪受到干扰的时候，问自己几个问题：

第一，你投入的钱是现在的钱、5年后才用到的钱，还是未来超过5年才用到的钱？如果你把现在的生活费、尿布钱、奶粉钱，投进去就会出事；你拿5年后、未来才用到的钱投进去，心里就会有底，不会慌。

第二，你投资标的是可投、不可投，还是不知道可不可投？记得"不可投"不要去碰它，大部分的资金要安守本分；小部分的资金去赌一把，小部分的资金最多只能15％，这样不就很稳了？

第三，你是在做胜算大的事吗，还是做好中选好的事？如果你是赌一把大部位，那你就糟大了。跟风也不可取，因为跟风的成功概率也只有1％。我好好创业、好好投资上市上柜公司，成功概率很大，而且不要贪心，每年只要有20％的酬率就可以大富大贵。

第四，要问自己，你有没有抗压能力？天塌下来你能不能活得好好的？因为，其一，你有25％现金。其二，你有20年期的虚拟现金。其三，你投入的钱是5年、10年后才会用到的。其四，你的资金分了五包，所以不会一次全投；虽然不是买在最低点，但也在相对低点，所以就有抗压能力。

建立基本持股 定期定额

最后的第十点就是要建立基本持股，一旦建立之后请你改成定期定额，不要再看盘了，请专注本业，活出想要的人生。

所以用40％的钱"危机入市"，接下来不要赌，再把60％的钱采取定期定额，每季、两个月、半年……固定投。最后，找跟你一样的长期价值投资者，每半年、一年聚在一起，交换投资标的的研究心得，彼此分享对财报以及生活常识跟行业专业知识的看法，这就是在做胜算大的事。

[作业时间]

现在请你做一个家庭作业，请你这辈子都记住这句话——**价值投资的核心观念是"先求A保本保利，再求B赚价差"**。

还记得John Bogle（约翰·博格尔，先锋基金创办人）带给人类最大的贡献吗？他们的团队研究发现，影响你未来10年投资报酬率的因素里，资产配置占了91.1%，投资的时间点只占了8.9%。如果我们跌了30%才进场，即在相对低点时进场，这8.9%基本上等于全拿了。请你记住，我们不是在教你炒股，是在教你独立思考的能力，你要自己做最后的判断。

我们用看财报、专注本业、生活常识跟行业专业知识来思考一下：

Q1： 地表上最强的ETF——先锋基金"VTI"比元大台湾50ETF（0050）规模大上360倍，符合先求A再求B吗？

Q2： 台积电、卖电池、卖手机、卖工业电脑、卖白酒等公司，也符合先求A再求B吗？

Q3： 生活中有哪些行业符合先求A再求B，又有长期稳定获利能力，7-11是吗？

Q4： 有哪些行业是百年不变，但是长期稳定一直在赚钱的？可口可乐是吗？柏油是吗？白酒、星巴克、卖酱油的公司呢？

请思考一下，能否在生活知识、行业专业知识里找到不错的标的物，这是你的功课。请你与家人、朋友一起思考，尽量列出可能的投资组合标的物。

第12课　财富自由行动方案

依照您的个性、风险偏好、年龄状况

行为 ➡ 不慌
国家 ➡ 不惑
公司 ➡ 不赌
个人 ➡ 不急

多头时，人人都是名嘴

○ 生活　○ 行业

排名	国家或（地区）	财富（兆美元）
1	美国	106
2	中国大陆	64
3	日本	25
……	德/英/法	14～15
13	中国台湾	4.06

4791亿

第1+2名 = 第3～35名总和
资料来源：瑞信2019年财富报告

不要去预测，专注做胜算大的事 ➡ **行动方案**

行动方案
☐ 手留现金，才能不出局　　☐ 意外常有，千万别杠杆
☐ 投资组合，记得负相关　　☐ 做胜算大的事，才能不赌
☐ 怎知对错？记得做压力测试　☐ 要记住先求A，再求B
☐ 10年视角，抓好大概率事件　☐ 思绪受干扰，问自己几个问题
☐ 危机入市后，转成定期定额

重新定义**风险**
你受损的概率？
Check List

1. **夏普值** =（基金报酬率－Rfree）/标准差 = 超额报酬/单位风险
2. **标准差**：一段时间波动大小，波动越大代表不确定性越大
3. **Beta值（β值）**：相对大盘的波动幅度
   1.0（100%）：大盘涨跌多少，基金就涨跌多少
   1.5（150%）：大盘涨1%，基金涨1.5%，下跌亦同比例
   0.9（90%）：大盘涨1%，基金涨0.9%，下跌亦同比例

财富自由**行动方案**
依照您的个性、风险偏好、年龄状况

	配置	标的（稳健型）	Check List
现金部位（不出局）	％		
股票部位（看财报+"两只脚"）（7～30家）（负相关）（先求A，再求B）	％		
ETF部位（负相关）（先求A，再求B）	％		
乱投部位（抗压能力）	％		
	100%	100%	**每年健检一次即可**

第12堂课是关于如何去打造自己的财富自由行动方案。我们来看一下行动方案要做哪些事。

行动方案切记从个人条件来规划

第一件事情，一定要按照自己的个性还有风险偏好、年龄状况来做调整。年龄越大，投资ETF跟股票的比例越小，大部分钱应该放在债券或现金上。我们前面讲到，你的"损益表"没有了（因为退休）；你的现金流量表也没有了，只有年金了。所以这时候要非常保守。

决定行动方案之前，一定要再去想MJ教你的独立思考能力，离开这个课堂之后，外面有很多的诱惑，我们一定要坚持独立思考。

我们来回顾一下：

从金融的角度教你不慌。

从政府的角度教你不惑。

从公司的角度教你不赌。

从个人的角度做资产配置就不急。

而且我们说光看财报不能拿满分，除了财报之外还要考量"两只脚"：生活常识、行业专业知识。

不要被市场臆测左右

全世界很多国家或地区都有投资机会，美国、中国大陆都是最好的选择，中国台湾地区民间的财富也有4兆美元，在全球排第13名。做投资时不要只投外国，自己国家或地区反而没有投。

为什么要投自己国家或地区？因为你没有天天看外国新闻，生活圈不在那里，也没有行业知识，如果大部分钱都投了国外的股市，不是跟自己的钱开玩笑吗？

另外，你有没有发现，股市多头的时候身边的人、朋友都变名嘴？我们希望大家不要受影响，专注做胜算大的事。以下，我们一起来看投资检查表（Check list），就能避免自己只靠臆测来投资。

2020年3月10日美股第一次熔断时，此时MJ想到一个人，他叫本杰明·格雷厄姆（Benjamin Graham），他是巴菲特的老师。有一次记者访问他："明天的股市会发生什么事？"所有的分析师都说加1%、加0.5%、加3%、减1%、减0.3%……格雷厄姆则说："跌20%。"结果就真跌了20%，大家都觉得他超厉害。

后来巴菲特问他："老师，当时记者访问你时，所有人都是以小幅度加减预估，为什么你突然会说跌20%？"格雷厄姆说："如果你只加一点点、减一点点，大家都没印象，反正都猜不准不如乱猜，所以我就猜负20%。"

换句话说，2020年3月10日MJ也是这样想的，所以才"不负责任"地在脸书上预言，预测美股熔断机制在未来半年之内会不断出现，结果10天内出现了4次，我应该是全世界第一个预测出来的人。我是如何预测的呢？其实是乱说的。以上开个小玩笑。

我的意思是，不要再相信任何人的预测，巴菲特就已经说过，没有一个人可以做出正确的预测，如果有，这个人早就赚翻天了。我们一定要有独立自主的思考能力。

进行投资配置前 务必对照10个重点

接下来把前两堂课的资产配置10个重点，做成检查表：

一、手上现金一定要留足，才不会出局。

二、意外常有，所以千万不要杠杆。

三、投资组合要负相关或至少不相关。

四、做胜算大的事，才能够不赌。

五、如何知道对错？做压力测试。给自己假设很多状况，极端的情况下都不会倒就很棒。

六、记住一句话：先求A保本保利，再求B赚价差。

七、不要跟风。最后市场都会回归商业价值，商业价值就是"万物皆有价"，所有价值都来自公司到底有没有赚钱，有没有OCF？

八、用10年的视角，抓好大概率的事件，然后充分发挥它的价值。比如现在下跌至少打了7折、8.5折，这就是一个未来投资会赚大钱的机会，要把它发挥到极致。

九、思绪受到干扰时，记得问自己几个问题。

十、在危机入市之后，建立基本持股，并转为定期定额；专注本业，好好生活，享受你的人生。

然后，我们来看看怎样打造自己的财务表（图12-1）。

首先，要依照你的个性、风险偏好、年龄状况等来规划，假设你现在45岁，那么，我建议，现金最好是25%、股票部位20%、乱投部位最多15%，再谨慎点，就是10%，这样加起来就是55%，剩下的ETF部分给45%，这样总共是100%。

家族企业气长 是好标的物

再思考一下，25%的现金闲置有点可惜，可以考虑调整做一些定存或是国库券、国债等。股票20%部分，要是我，可能会投一些伯克希尔B股。为什么是伯克希尔B股呢？很简单，因为伯克希尔基本上不配息，永远都会放在里面再去投资。伯克希尔是价值一股三十几万美元的A股，一般人较难买得起，可以买1/500的B股，

现在的股价是200多美元。

记得吗？巴菲特企业所投资的公司有100多家，其中一半以上属于中小企业。我们前面提过，中小企业的家族企业气最长，超过100年的有很多家，大型企业超过100年的反而只有75家左右，为什么？因为人性，家族企业都希望能够传承一代、二代、三代，所以家族企业的经营者通常非常保守，反而气比较长。

因此，我们选择投资一些伯克希尔B股，因为它把赚来的钱再持续不断投资公司。这个股票可以长期持有，甚至可以传承给子女。

记得"负相关"原则 鸡蛋不要放在同一个篮子里

或者，你也可以在股票部位加买Costco（即好市多），因为它看起来有长期稳定获利能力。星巴克呢？星巴克虽然曾经从40多元跌到4.7元、4.8元，现在又涨到60元，可是我觉得它的咖啡并不是很好喝。所以"生活常识"告诉我，星巴克可不买。但是你也可能会因为喜欢星巴克的品牌而选择买这只股票，这要看个人的判

断与选择。

比如，台股里的崇越电（3388）是做硅氧树脂（Silicone）的公司，服务的客户几乎囊括各行各业。像我们喜欢的潜水的材料或者是面膜、一些特殊材料制作，都是这家公司提供的原料。它的客户分布广，不太可能全倒，这表示它可能有长期稳定获利的能力。或者是大家很熟悉的中兴保全，中兴保全不管景气好坏，每个月都能有固定收入，稳稳地赚，这都是在投资股票部分可以思考的方面。

股票部分很简单，就是看财报、"两只脚"。记住，股票投资要将风险分散，一定要到7~30家才会有投资组合效果；如果没有办法一次买到这么多家，那就把ETF的部位再多加一点点。

记得，投资一定要负相关。你不能买了Costco又买星巴克、7-11、沃尔玛，完全都是一样的产业就不适合。看起来没有什么负相关的投资组合，只要一发生动荡，可能就整个没了，一定要记住。

ETF一样也要负相关，比如0050、VTI跟VT……后面我们会谈详细内容。

"乱投"15% 可以 但要确认全赔不影响

"乱投"10%的部分，比如你可以投亚马逊、特斯拉……小米呢？我不建议，原因是小米的毛利率太低，只有4%~6%，基本上要获利很困难。海底捞呢？它的服务不错，疫情缓和后，会有很多人想去享受一下吃饭当帝王的感觉，所以可以评估看看现在股价三十几元值不值得投。迪士尼呢？它推出了新的数字平台……或者是Netflix，在疫情期间，或许大家待在家养成看影集的习惯。还有Uber、Airbnb……记得乱投的原则就是，投进去要有抗压能力，假设你整包都赔了也没事，这样就可以。

接下来，请你将个别项目，针对10个检查表原则来检视，比如看看现金部位投定存国债可不可行？如果10个都可以就很棒。再把检查表放到股票、ETF里来对照……"乱投"的部分可能不一定符合10个检查表，没关系就自己投，只要控制部位不要超过15%、有抗压能力就可以。

这样，每年健检一次的行动方案就算完成了。

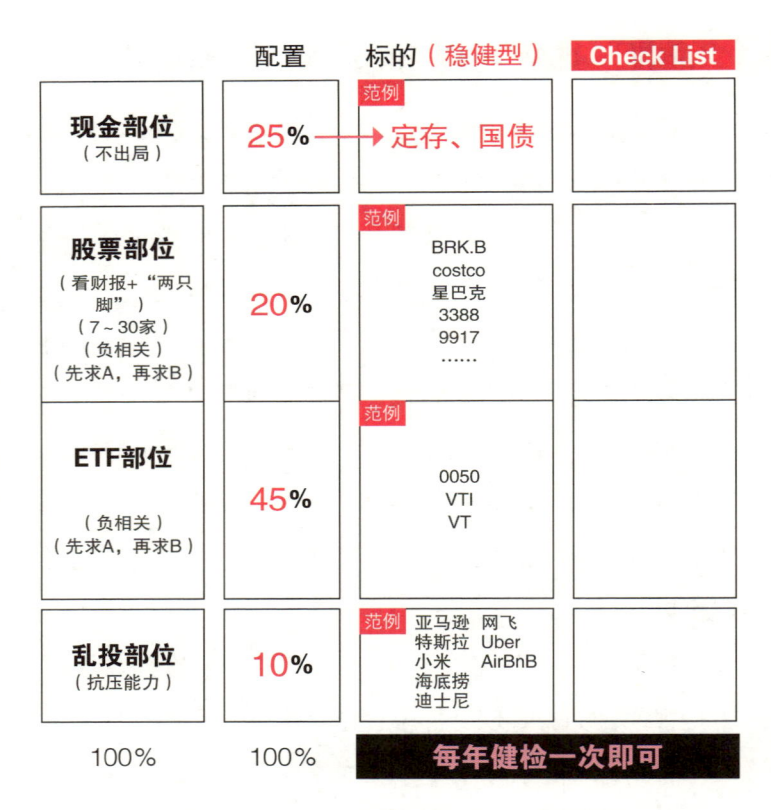

	配置	标的（稳健型）	Check List
现金部位 （不出局）	25%	范例 →定存、国债	
股票部位 （看财报+"两只脚"） （7~30家） （负相关） （先求A，再求B）	20%	范例 BRK.B costco 星巴克 3388 9917 ……	
ETF部位 （负相关） （先求A，再求B）	45%	范例 0050 VTI VT	
乱投部位 （抗压能力）	10%	范例 亚马逊 网飞 特斯拉 Uber 小米 AirBnB 海底捞 迪士尼	
100%	100%	每年健检一次即可	

图12-1　打造财务报表范例说明

好中选好、优中选优　就能降低受损概率

再补充一个部分，我们会在这当中提到"怎样重新定义风险"。这里的风险指的不是一般所谓的夏普值、标准差或者是贝塔（Beta）值。

先说明定义，比如我们在ETF投资中常听到的夏普值是什么意思？

夏普值就是性价比，表示每承受一个单位的风险能不能带来额外的报酬。举例，承受一单位标准差的风险，能不能带来基金报酬10%？如果定存是5%，那有没有办法创造出超额的利润？可以把它想成CP值。CP值越高，夏普值越大，就代表获得超额报酬的能力越大。

标准差是指某一段时间、过去一段时间股价波动的大小，当股价波动越大，代表不确定越大，所以代表的是高风险、高报酬。

贝塔值是相对大盘波动的幅度。比如贝塔值是1，就代表大盘涨1%，它就涨1%；大盘跌1%，它也跌1%。如果是0.9呢？大盘涨1%，它就涨0.9%；大盘如果跌1%，它就跌0.9%……

夏普值越大越好，代表有超额报酬的赚钱能力、CP值高；标准差越大代表股价波动越大、风险越大；贝塔值越趋近于1，就代表跟大盘表现差不多。

这三个数值是大家常常听到的关于风险控管的一些衡量标准（图12-2）。

MJ跟大家讲，价值投资的风险定义是你"受损的概率"。换句话说，受损概率越小，风险就越低。如何做到受损概率最小？很简单，又回到10个投资组合的秘诀，把它做成检查表，因为你是好中选好、优中选优……这样就能够让受损概率变小。

ETF 从台湾放眼全球市场 分散风险也稳定获利

回过头来看0050、VTI跟VT，MJ帮大家做一个简单的范例解说，但大家切记要按照自己的状况、风险年龄状况做微调。

大家都知道0050是一个投资台湾最强的50家公司的ETF；VTI是投资美国1300家左右的公司，大致包含纽约

---

1. **夏普值**＝（基金报酬率－Rfree）÷标准差＝超额报酬÷单位风险
2. **标准差**：一段时间波动大小，波动越大代表不确定性越大
3. **Beta值**（β值）：相对大盘的波动幅度
   1.0（100%）：大盘涨跌多少，基金就涨跌多少
   1.5（150%）：大盘涨1%，基金涨1.5%，下跌亦同比例
   0.9（90%）：大盘涨1%，基金涨0.9%，下跌亦同比例

图12-2 一般市场风险评估定义

证券交易所、美国证券交易所，还有纳斯达克；VT的投资标的是全球47个国家或地区总共2900档左右。

这是什么意思呢？你的投资同时分散在2000家公司，这些公司是不会同时倒的；如果都倒了，世界就发生动乱了。

来看几个项目的比较（图12-3）。先看管理费用，VTI美国这一只大概0.03%、VT是0.09%、中国台湾是0.43%，所以说0050偏贵。

规模呢方面，VTI 2001年成立，投资美股总共有

8409亿美元（以2020年3月29日来看）；VT是2008年成立，投资全球大概有177美元。0050是台湾在2003年时看美国做了一些东西不错然后复制过来的，虽然0050在中国台湾很大，但规模只有22亿美元。

交易方式方面，台湾地区是一张一张交易，一张1000股。美国是1股1股交易，可以交易3股、4股、10股、50股、100股……看自己的资金实力。

记得"先求A保本保利，再求B赚价差"原则吗？看一下0050，每半年发一次股利，先求A保本保利是4.7%；VTI是每一季发保本保利约1.6%；VT也是每一季发一次，一年下来是2.5%左右。

至于价格，台湾0050最高时接近100元，现在是76元，VTI最高是180多元，后来跌到126元左右，VT从82元跌到61元，我们要判断一下目前是否适合进场。

怎么判断？再一次提醒大家，价值投资的三大前提：

第一，必须是好公司。

第二，你投入的钱是5年、10年后才会用到的。

第三个，时间要够长，你才会有高概率的赚钱机会。

还记得巴菲特跟Protégé私募基金的100万美元对赌吗？巴菲特说他随随便便选ETF就可以击败那些私募基金、主动基金每天操盘，结果10年下来，他果真大胜。

注意一下时间点，2007年他们对赌，到2017年这10年间，发生了2008年金融海啸、2012年欧洲债务危机、2015年中国股市震荡，连续遇到三波大的冲击，结果ETF报酬率还是在7%左右，非常不错。

还有一个可以投资0050、VTI、VT的原因是手续费很便宜。因为基金很贵，建议不要买那么多基金。同时投资50~2900家，有可能全都倒闭吗？不会，这就能做到风险分散。再从经营者的心态思考，上市上柜公司最后股价都会不断走高（除非发生特殊情况），因为老板将公司上市上柜，就是想将公司越做越大、做成世界级公司，这个道理浅而易见。

因此，如果你同时投资了0050（台股）、VTI（美股）、VT（全球），就符合先前提到的"负相关"，联

	0050	VTI	VT
交易所	TSE	NYSE	NYSE
投资区域	台股	美国	全球
投资股票数（公司家数）	50+	1200～1300（NYSE/AMEX/NASDAQ）	2900（分散于47个国家的股票）
总管理费	0.43%	0.03%	0.09%
规模（亿美元）	22	8409	177
成立日期	2003-06-25	2001-05-24	2008-06-24
目前价格（2020-03-29）	NTD76.6	$126.93	$61.77
交易单位	1000股（张）	1股	1股
先求A（殖利率）	约4.7%（每半年发股利）	约1.63%（每季发股利）	约2.50%（每季发股利）
再求B（赚价差）	请自己判断： 1. 价值投资的三个大前提 2. 巴菲特与Protégé私募基金的百万对赌 3. MJ的说法（手续费/50～2900家/老板的心态）		

资料截止日期：2020年3月29日

图12-3　ETF分散投资风险思考

动性就没那么高,这就是MJ给你的建议。

[行动方案]

接下来这一堂课的行动方案,就是请你思考一下应该怎么去做这些部位,按照自己的状况列出行动方案下,然后每年健检一次就可以。

希望读完这12堂课之后,你能有独立思考的判断能力,并且收获满满。

配置		标的（稳健型）	Check List
现金部位 （不出局）	%		
股票部位 （看财报+"两只脚"） （7~30家） （负相关） （先求A,再求B）	%		
ETF部位 （负相关） （先求A,再求B）	%		
乱投部位 （抗压能力）	%		
100%	100%	**每年健检一次即可**	

第13课　实战心法剖析Q&A

Q1 这个特殊期间如何看全球经济局势？

A 很简单，就是"物极必反，回归价值"。价值怎么看？就是PV=CF / r。

除了公司是看CF（现金流）如何之外，国家方面就是看GDP（国内生产总值）经济状况。市场是不怕坏消息的，市场只怕"不确定性"，只要有不确定性就会产生恐慌，市场就会崩盘。

这期间，有几个可以观察的指标：

#指标 1 口罩

口罩是否买得到？因为这是最基本的防疫需求。如果口罩买不到，可能就会造成全球恐慌。

#指标 2 医疗体系

各个国家的医疗体系是否会崩坏？医疗系统若是崩坏，除了居家禁令遥遥无期之外，短时间也不可能培养出这么多医务人员，影响相当重大。

#指标 3 **失业率**

观察失业率是否有所上升？如果身边的人都失业，就会减少消费，同时也会造成恐慌，影响各个国家的进出口量，这都是连锁反应。

反观油价反而不是太重要，因为这是投资客面临的问题，对散户影响不大。

#指标 4 **中小企业**

还有一个重要指标，就是中小企业。全球企业的组成80%都是中小企业，20%才是大公司。台湾地区的中小企业更是高达93%，中小企业带来了就业机会，才会有消费，以及进出口贸易量；而大型企业则提供了民间投资的力道，但对就业市场贡献不大。

因此，如果上述四个指标：口罩需求、医疗资源、失业率都崩盘，中小企业不断破产，整体消费需求就消失了。一旦消费消失，国与国之间的进出口贸易也没有了。这是比较令人担心的。

股市是整体经济发展的橱窗，如果GDP下降，股市也会相应走跌。因此这段时间，请大家务必持续关注上述指标，透过这些来观察大局势的变化。

Q2 某公司急跌能加码吗？

A 投资是个重要的人生决策。如果你问MJ这个问题，MJ想跟你说的是"停"，先好好想一想。这个决策关系到你的下半辈子，希望你不要赌，一步一步来。

回答这问题之前，先复习一下之前提及的：

一、要知道人的本质就是不理性的，要努力做到"不慌"。

二、政府的做法包括财政政策、货币政策、紧急政策、行政命令，知道之后就"不惑"。

三、从公司财报去了解"万物皆有价"，就会"不赌"。

四、从个人角度思考如何布局，不要孤注一掷，要有抗压与资产配置能力，就会"不急"。如同之前说的，股灾或多头时人人都是名嘴，但你不要跟着起哄，要有自己的思考逻辑。

五、不要预测，要专注做胜算大的事。胜算大的事是什么？就是"专注本业"。

六、不要炒股。投资之前去看公司财报加"两只脚"——生活常识与行业专业知识。

以上从大、中、小的各个角度切入，希望能带给你完整的财务思维。

第13课　实战心法剖析 Q&A

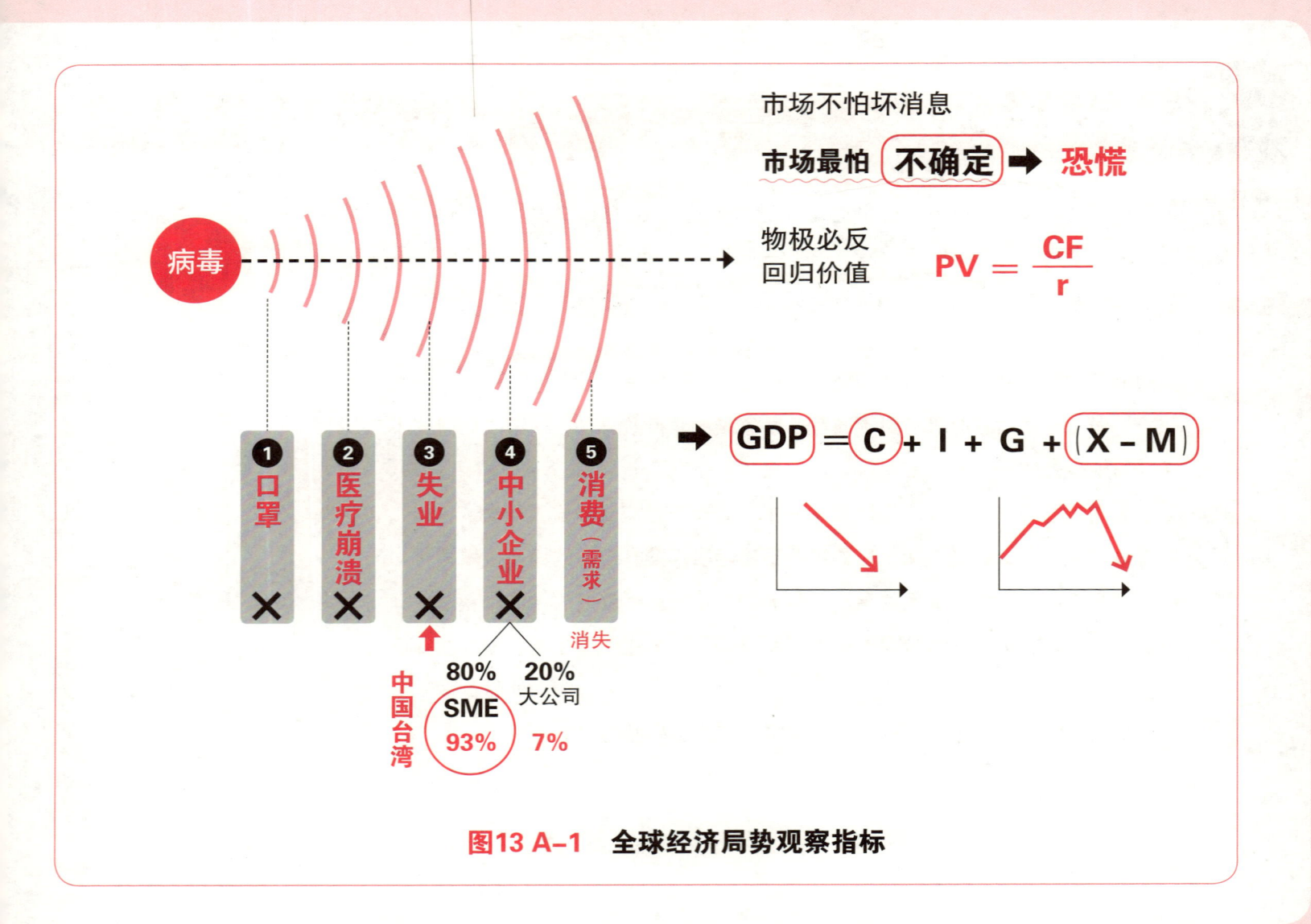

市场不怕坏消息

市场最怕 不确定 ➡ 恐慌

物极必反
回归价值

$$PV = \frac{CF}{r}$$

病毒

① 口罩 ✗
② 医疗崩溃 ✗
③ 失业 ✗　中国台湾
④ 中小企业 ✗
　80% SME 93%　20% 大公司 7%
⑤ 消费（需求）消失

➡ GDP = C + I + G + (X – M)

图13 A-1　全球经济局势观察指标

接下来，我们用范例来说明：今天如果台积电的股价下跌到150元或是200元，能不能买呢？
我们用三种状况来判断。

情境 1 手中无股票部位

恭喜你，遇到财富重新分配的好时机。但请记得之前提及的**"先求A保本保利，再求B赚价差"**的原则。

先求A（保本保利），看一下台积电每年的配股、配息（图13 B-1），可以看得出每一年都挺高的。原因很简单，台积电在2019年开始在台湾地区率先采用每一季度都配息的做法。

假设你打算在200元买入，对照2018年总共配息了3次（2.5元+2元+8元），我们计算一下，这样的保本保利计算结果大约是6%（图13 B-2）。

这样就代表你赚翻天了吗？不是的，我们当然还是要看财报以及"两只脚"——生活常识与行业专业知识（图13 B-3），一起来判断。

追求股价要先知道"万物皆有价"，因此回到我们之前提的"物极必反，回归价值"。价值来自OCF，请记得再复习一下之前的内容。

单位：新台币

所属年度	发放年度	除权日	除息日	除权息前股价	股票股利	现金股利	EPS	配息率	现金殖利率	扣抵税率	增资配股率	增资认购价
2019	2020	—	06/18	266.5	0	2.5	13.32	18.77%	0.94%	0.00%	0	0
2019	2020	—	03/19	260	0	2.5	13.32	18.77%	0.96%	0.00%	0	0
2018	2019	—	12/19	344.5	0	2.5	13.54	18.46%	0.73%	0	0	0
2018	2019	—	09/19	267	0	2	13.54	14.77%	0.75%	0	0	0
2018	2019	—	06/24	248.5	0	8	13.54	59.08%	3.22%	0	0	0
2017	2018	—	06/25	227.5	0	8	13.23	60.47%	3.52%	0	0	0
2016	2017	—	06/26	217	0	7	12.89	54.31%	3.23%	13.94%	0	0
2015	2016	—	06/27	159	0	6	11.82	50.76%	3.77%	12.57%	0	0
2014	2015	—	06/29	146	0	4.5	10.18	44.20%	3.08%	11.13%	0	0
2013	2014	—	07/14	136.5	0	3	7.26	41.32%	2.20%	9.78%	0	0
2012	2013	—	07/03	110	0	3	6.41	46.80%	2.73%	7.75%	0	0
2011	2012	—	07/04	84.2	0	3	5.18	57.92%	3.56%	6.69%	0	0
2010	2011	—	06/29	72.5	0	3	6.24	48.08%	4.14%	4.96%	0	0
2009	2010	—	07/06	61.4	0	3	3.45	86.96%	4.89%	9.85%	0	0
2008	2009	07/15	07/15	55.8	0.05	3	3.86	77.72%	5.38%	0.00%	0	0
2007	2008	07/16	07/16	0	0.05	3.03	—	—	0.00%	1.86%	0.02%	0

图13 B-1　台积电历年除权除息一览

$$\frac{配息}{股价} = \frac{12.5}{200} \rightarrow 6\%$$

图13 B–2　台积电2018年股利计算范例

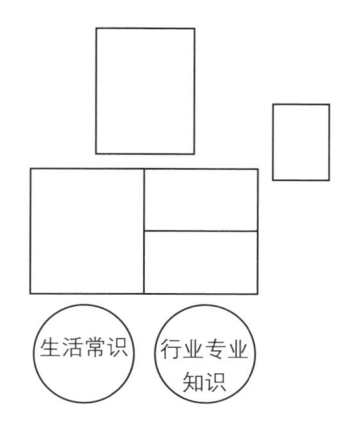

图13 B–3　财报和"两只脚"全局观

情境 2　大部分都是投资0050等ETF

当手上大部分钱都投资了0050等ETF，台积电股价下跌时，要不要加码呢？答案是不要。

为什么？请你看一下0050的成分股中（图13B–4），台积电占了49.09%。记不记得我说过，投资组合要尽可能"负相关"？既然已经投了0050，大部位就不需要再投台积电了。如果投了就是正相关，即鸡蛋放在同一个篮子里，这是有风险的。

财富自由有几个风险要控管，分别是系统风险、个股风险、人生风险、灭顶风险，一定都要考虑到。

证券代码	证券名称	持股权重(%)	证券代码	证券名称	持股权重(%)	证券代码	证券名称	持股权重(%)
2330	台积电	49.09	3711	日月光投控	1.1	4938	和硕	0.54
2454	联发科	4.24	2885	元大金	0.92	5876	上海商银	0.54
2317	鸿海	4.02	1101	台泥	0.9	6505	台塑化	0.53
2303	联电	2.22	2892	第一金	0.88	2395	研华	0.53
2308	台达电	2.17	2382	广达	0.85	2883	开发金	0.51
1301	台塑	1.77	2207	和泰车	0.85	2890	永丰金	0.48
2412	中华电	1.69	2327	国巨	0.85	2801	彰银	0.47
1303	南亚	1.55	5871	中租-KY	0.82	1402	远东新	0.44
2891	中信金	1.45	5880	合库金	0.79	2301	光宝科	0.43
3008	大立光	1.43	2379	瑞昱	0.73	1102	亚泥	0.41
2882	国泰金	1.37	2357	华硕	0.72	4904	远传	0.39
2881	富邦金	1.35	2880	华南金	0.71	9910	丰泰	0.34
1216	统一	1.29	3045	台湾大	0.65	2105	正新	0.33
2886	兆丰金	1.29	2912	统一超	0.61	2408	南亚科	0.29
2884	玉山金	1.23	2474	可成	0.59	2633	台湾高铁	0.27
2002	中钢	1.17	6415	硅力-KY	0.58	6669	纬颖	0.23
1326	台化	1.11	2887	台新金	0.56			

图13 B-4　元大台湾50成分股（2020、12、04）

情境 3 已经投资大立光／苹果／鸿海等科技股

如果你手上有大立光／苹果／鸿海等科技股，现在台积电假设从320元下跌到220元，整整少了100元，要不要加码呢？答案是不要。

为什么？因为你手上已经持有科技股了。我们之前强调过，投资组合要尽可能"负相关"，如果你加码台积电，不就是一直集中在科技股吗？这等于是"All in（全仓押注）"科技股了。

MJ在科技界已经摸爬滚打十几年，其间看到当时不少同业都倒闭了，留下来的就是这几家大公司。其实科技股变化很快，虽然台湾不少人都在投资科技股，但还是要奉劝大家对投资比例多加斟酌。

我们希望协助大家提高长期稳定获利能力。随着年数增大，财务自由的管理原则应该是"现金为王"、财务结构要稳定，这在之前章节都有提及，记得复习。

最后我要再一次提醒大家，投资前的检查表。你有没有符合每个原则？记得一定要思考后，再下手加码。

✔ **投资前的检查表**

☐ 手留现金，才能不出局
☐ 意外常有，千万别杠杆
☐ 投资组合，记得负相关
☐ 做胜算大的事，才能不赌
☐ 怎知对错？记得做压力测试
☐ 要记住先求A，再求B
☐ 10年视角，抓好大概率事件
☐ 思绪受干扰，问自己几个问题
☐ 危机入市后，转成定期定额

Q3 "国安基金"准备进场,能跟投吗?

A 有新闻报道"国安基金"5000亿元准备进场,这种时候我们能跟投吗?这个问题很多人问我,以下就为大家解答,帮大家巩固正确的投资思维。

进主题前,再回顾一下先前提到的重点(图13 C-1):

从金融学角度,我们学会不慌、从人类行为透析人性。
从政府角度,了解政府作为,学会不惑。
从公司角度,学万物皆有价,就知道价值投资不是在赌博。
从个人角度,要做胜算大的事,避免在投资过程中自己先爆了。

再度提醒大家,当事件发生或新闻报道政府出手,股市会如何如何,我们的心就会浮动,想要跟风投资,但实际情况是:进场不见得会有很好的获利。

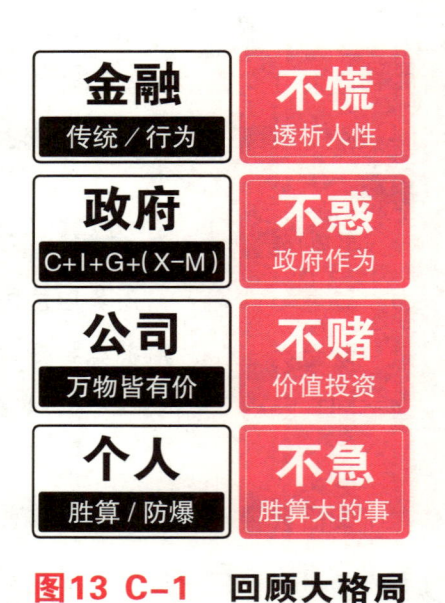

金融 传统/行为	不慌 透析人性
政府 C+I+G+(X-M)	不惑 政府作为
公司 万物皆有价	不赌 价值投资
个人 胜算/防爆	不急 胜算大的事

图13 C-1 回顾大格局的投资思维

这样一层一层地思考，然后做判断，才不会慌张进场。

接着让我们一步一步来思考。"国安基金"进场真的很厉害吗？我们来看一下历史事件：

事件一　2000年3月

台湾政局发生变化，"国安基金"投了500多亿元新台币，1个月涨幅为11.3%。

事件二　2000年10月

同年出现网络泡沫化，当局又投入"国安基金"1200多亿元新台币，后来跌了7.9%。

事件三　2004年5月

"3·19"枪击案。"国安基金"只投了16亿元新台币，涨了6.6%。

第13课　实战心法剖析 Q&A

153

事件四　2008年9月

发生金融海啸，"国安基金"只投了600亿元新台币，尽管资金进场还是持续跌。

事件六　2015年8月

中国大陆股市震荡，人民币快速贬值，"国安基金"投了196亿元新台币，涨了9.0%。

事件五　2011年12月

欧债危机，又遇上朝鲜金正日去世，"国安基金"投了400多亿元新台币，涨了3.8%。

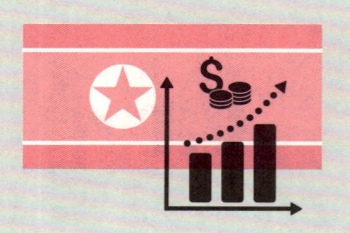

事件七　2020年3月

NOW

全球暴发新冠肺炎疫情，引起全球股市震荡，"国安基金"可动用资金为5000亿元新台币，目前尚未明确会投入多少。

	进场时间	天数	进场指数	背景事件	投入金额（新台币）	一个月后涨幅（%）
1	2000-03-16 ~ 2000-03-20	5	8682.76	台湾政局发生变化	542亿	11.3%
2	2000-10-03 ~ 2000-11-15	44	5805.17	网络泡沫化 停建核四	1227亿	-7.9%
3	2004-05-20 ~ 2004-06-01	13	6359.92	"3·19"枪击事件	16亿	6.6%
4	2008-09-18 ~ 2008-12-17	97	5641.95	金融海啸	600亿	-12.6%
5	2011-12-21 ~ 2012-04-20	121	6966.48	欧债风暴 朝鲜金正日去世	424亿	3.8%
6	2015-08-25 ~ 2016-04-12	232	7675.64	人民币剧贬 全球经济复苏迟缓	196.58亿	9.0%
7	2020-03-20 ~ 2020-10-12	207	8681.34	新冠肺炎 引发全球股市震荡	可动用金额 5000亿	21%

之前在讲行为金融学中提及，发达国家/地区在局势动荡中，市场平均是6~12个月恢复理性，发展中国家/地区是18~36个月。所以，当你想进入投资时，市场却都还没回归理性，涨的概率大不大？并不大。

图13 C-2　盘点"国安基金"进场记录

判断事件涨幅加总 并未获利

首先把上述盘点"国安基金"进场的事件涨幅全部加总刚好是持平，其实是赚钱的，但你不要去跟风投入。回头再去了解行为金融学，要先做到不慌、不惑。

其次，就人性的立场来看，"国安基金"也是被迫进场，我们来观察一下趋势。

第一阶段"国安基金"进场是应付着买，比较小量；第二阶段投入，就可能会被媒体报道"国安基金"没有很认真出手；到了最后第三阶段，才会出手买多一点。

当然，"国安基金"只会挑选好公司，这是呼应我们说的，投资有分可投、不可投、不知可不可投。"国安基金"会选择比较稳固的指标，如金融股、台积电、中华电信等。

换句话说，如果有以上概念，就会知道"国安基金"要等到第三次进场再来跟。我们之前也提及，投资资金请您分成五包，设定6个月、8个月、10个月、12个月、18个月的日程表来提醒自己，要做这样的规划。

我一直提醒大家，6个月内都不要有动作，要等到第三波进场，对于市场才真正有明显判断。以上，希望提供给大家一些实务上的投资思维。

---

1 行为金融学

发达国家/地区：6~12个月恢复正常

发展中国家/地区：18~36个月恢复正常

2 我也是被迫的

①"国安基金"应付着买
②被媒体爆出后，被迫出手再买
③只买好公司（可投／不可投／不知可不可投）
→我们等第三次进场才跟

3 请您把投资资金分五包

6个月、8个月、10个月、12个月、18个月

图13 C-3　重大事件发生时的思维重点

Q4 低利贷款能不能借来做投资？

A 由于疫情的关系，各国纷纷通过货币政策如降准、降息、公开市场操作来应对，有将近6兆美元的资金流到不同的市场。正常资金是流到实体经济体，但也有不少会流到股市、债市等；因为资金泛滥，所以银行现在手上有相当多的资金。

事实上对银行来说，资金留在手上都是成本，因为这些资金大多来自民间存款，不管是付0.1%、0.2%、0.8%的利息……终究都是钱。当银行持有太多钱时，银行就必须"放贷"；否则它们每个月固定要付利息给民间存款的单位，不管活期、定存等都要付。

因此，最近可以发现银行开始出动很多地面部队、电销部队，天天打电话告诉我们，现在利息很低，鼓励我们向银行借款。那究竟我们能不能借款来投资呢？

我再带大家重新复习与强调，投资一定要有全局观，我们提到过：

从金融行为视角了解而"不慌"。

政府视角了解而"不惑"。

所以前面其实就曾提过，会发生这种情况。

当然还要从公司财报视角了解而"不赌"．

以及从个人财务视角了解而"不急"。

别忘记股灾或多头时，人人都是名嘴。事实上，"没人可以预测未来"。

一定要牢记我们提过的原则：**专注本业、不要炒股**。要从看公司财报，以及了解生活常识、行业专业知识这样的思维来投资。

我知道大多数读者是很稳定地做长期投资，但还是有少数天天在钻研线型、做炒股、杀进杀出，这不是我乐见的，特别提醒大家。

先评估各种风险　再思考借钱来做什么

在回答这个问题前，请大家先去了解一下：有没有开办费？利息2%算不算低？乍听之下确实很低，尤其是信用贷款。所以，第一步要确认的就是"开办费"，假设借10万元需要3000～5000元的开办费，等于是3%～5%，跟贷款利率加起来就相当于5%～8%，事实上并没有很便宜。

因此，你要在没有开办费的前提下，再来思考要不要借，以及这笔钱借来要做什么。

下面我设计了6种情境，结合前面几章讲过的内容，一项一项为大家分析。

情境 1 借新债，还旧债？

举例来说，以前手边的债务可能是5%～7%不等，就可以用新债2%利息来还旧债。但前提请记得提醒自己：

1. 请省钱，不要再扩大支出导致负债。
2. 检视财务结构（先前提的资产负债表、损益表、现金流量表），看一下负债是怎么来的？如果是娱乐费用太高或者是信用贷款，就一定要省一点；如果是房贷、学贷，算是比较合理的负债。

情境 2 借来投资期货／选择权？

首先，先理解投资期货、选择权就是一种杠杆操作，借钱也是一种杠杆操作，讲一句玩笑话，这就是"杠上加杠"诈和了！可能一次就挂点了。未来会如何发展我们都不知道，千万不要有投机心态，这是MJ绝对不认同的做法。

情境 3 借来投资股票型基金？

之前也有提过，不要投资股票型基金，因为它"费用过高"，光是管理费就可能已达2%～3%，再加上贷款原来的2%利率，加起来就已达4%～5%。基本上，没有一只基金能保证每年都能赚到4%～5%，不可能一直有保本保利的事。

情境 4 借来投资黄金等原物料？

请回去看一下第1课提到沃顿商学院的内容，据杰瑞米·J·西格尔分析，金、银、铜、铁等原物料市场不能说比较好，甚至可说是差的。第1课提及的投资有"四不"，其中一个就是不要投资黄金，请记住。

情境 5 借来投资0050／VTI／VI等ETF？

之前提及0050／VTI／VI等ETF都不错，似乎借钱来投也可以。MJ这里保留答案，希望你自己做判断。但请你回忆一下我们提过的投资原则：

先求A保本保利，再求B赚价差
所以先判断A的部分，殖利率是否大于或等于6%。公式如下：

殖利率＝配息÷股价＞6%（你想投资的公司或ETF）

再来看一下0050历年的除权除息状况（图13D-1）。看起来每年它的配息大约是3元，为了达到刚刚提到的6%殖利率，我们用公式计算一下，就能知道要瞄准怎样的股价买进。

另外，因为我们要依循"先求A保本保利"的原则，所以还要看"特殊年份"，也就是发生大事时的公司表现。例如，2008年金融海啸、2012年欧洲债务危机、2015年中国大陆股市震荡、2019年中美发生贸易摩擦……根据图13D-2，这些事件发生后，0050大概都只能抓1.2元的配息，似乎比较少，所以这当中该如何操作你要自己评估。

我们为什么要抓6%的殖利率？因为投资会有几个风险，尽管0050这种"好中选好"的投资组合能帮你避开个股风险，但还是有汇差风险的问题。如果你是在台湾投资新台币可能就可以，如果是外币就要思考一下。
另外，你还要考虑价差风险。如果你是60元买入，万一景气持续看坏，股价跌到剩下30元，你的心态和荷包撑得住吗？别忘了回到个人财务报表去检视。

第13课 实战心法剖析 Q&A

单位：新台币

所属年度	发放年度	除息日	除权息前股价	现金股利
2019	2020	01/31	92.15	2.9
2018	2019	07/19	82.7	0.7
2018	2019	01/22	76.5	2.3
2017	2018	07/23	84.65	0.7
2017	2018	01/29	87.5	2.2
2016	2017	07/31	82.1	0.7
2016	2017	02/08	73.3	1.7
2015	2016	07/28	69.7	0.85
2014	2015	10/26	65.9	2
2013	2014	10/24	65.05	1.55
2012	2013	10/24	58.7	1.35
2011	2012	10/24	52.9	1.85
2010	2011	10/26	52.6	1.95
2009	2010	10/25	57.1	2.2
2008	2009	10/23	53.7	1
2007	2008	10/24	35.51	2

图13 D-1　元大台湾50（0050）历年除权息状况

单位：新台币

所属年度	发放年度	除息日	除权息前股价	现金股利
2019	2020	01/31	92.15	2.9
2018	2019	07/19	82.7	0.7
2018	2019	01/22	76.5	2.3
2017	2018	07/23	84.65	0.7
2017	2018	01/29	87.5	2.2
2016	2017	07/31	82.1	0.7
2016	2017	02/08	73.3	1.7
2015	2016	07/28	69.7	0.85
2014	2015	10/26	65.9	2
2013	2014	10/24	65.05	1.55
2012	2013	10/24	58.7	1.35
2011	2012	10/24	52.9	1.85
2010	2011	10/26	52.6	1.95
2009	2010	10/25	57.1	2.2
2008	2009	10/23	53.7	1
2007	2008	10/24	35.51	2

图13 D-2　元大台湾50（0050）在特殊年份的除权息状况

> **情境 6** **借钱投资个股？**
>
> 投资个股就更要小心了，首先你同样要懂个股的公司财报，搭配生活常识与行业专业知识来判断。其次投资个股本身可能遇到四个风险。
>
> 第一个是系统风险，比如美股熔断、疫情延续、石油危机……大家一慌，一群人都陷入疯狂。请注意，没人猜得中个股会怎么被系统风险影响，美国股市有97%是专家、职业级的投资单位，但遇到疫情仍旧下杀，跟散户没什么两样。
>
> 第二个是个股风险。我们提过投资组合要7~30家才会有风险分散的效果，你直接投资单一个股就避不开这种风险。
> 第三个是病老死残的人身风险。
> 第四个是没有现金、周转失灵的灭顶风险。
> 请自己思考一下能否避开上述风险，如果都能避开，再来考虑投资。

总结来说，借钱投资个股风险较大，借钱投资ETF或许可以考虑。不过投资ETF时，也不要赚了利息（股息），却亏掉汇差、价差，这些因素都要考虑进去。

MJ再次强调，先求A（保本保利），再求B（赚价差），想借低利贷款去追求6%~7%的套利，更要考量上述四个风险的管控。除此之外，"国对国"的概念也很重要，不要借日元跑去投资美股、借美元投资人民币……因为汇差变化是很大的，很容易会吃掉全部利润与造成本金亏损。

不要看到2%的低利率贷款、估算整体是4%~5%保本保利的报酬率就贸然进场，你一定要看到全貌再出手。再次强调，MJ希望你能做胜算大的事，不要一次就因"All in"而挂点出局。